Maintenant la Parole

Propos inspirés de la Bible

DU MÊME AUTEUR

Eucharisties, Bellarmin. 1974, 1977
Un Souffle subversif. L'Esprit dans les lettres pauliniennes, Bellarmin-Cerf, 1987
Ô miracle! Jésus et les malades, Paulines, 1990, 1993, 1997
Ciel! où allons-nous? L'au-delà dans la tradition chrétienne, Paulines, 1991
Scandale! Jésus et les pauvres, Paulines, 1993
Voir Dieu de dos, Paulines, 2000
Écoutez ce que je vous dis, Paulines, 2002

En collaboration

« Quand le Christ parle, la Bible se tait », dans *Pleins feux sur le partenariat en Église*, Paulines, 1997

« En travers du cours de la mission, l'embâcle de la religion », dans *Une soupe au caillou. Réflexions sur l'injustice économique*, Paulines, 1997

« Jésus s'est-il pris pour le messie? », dans *Faut-il attendre le messie? Études sur le messianisme*, Médiaspaul, 1998

« Jésus et son mouvement », dans *Écrits et milieu du Nouveau Testament. Une introduction*, Médiaspaul, 1999

« L'avenir de la résurrection. Déblayage », dans *Résurrection. L'après-mort dans le monde ancien et le Nouveau Testament*, Médiaspaul-Labor et Fides, 2001

Il a rédigé 26 Articles dans *Nouveau Vocabulaire Biblique* (sous la dir. de J.-P. Prévost), Bayard-Médiaspaul, 2004.

Membre du Conseil éditorial de *La bible* (nouvelle traduction), Médiaspaul-Bayard, 2001, pour laquelle il a rédigé une série d'Introductions et a collaboré à la traduction de 9 Livres.

André Myre

Maintenant la Parole

Propos inspirés de la Bible

Paulines

© *Paulines*
5610, rue Beaubien Est
Montréal QC H1T 1X5

Couverture : Diane Lanteigne

ISBN : 2-920912-48-8

Dépôt légal,
Bibliothèque nationale du Québec 2004
Bibliothèque nationale du Canada 2004

Tous droits réservés.

*À Marie-Thérèse
pour sa confiance.*

NOTE : Dans le présent ouvrage, les mots *christ, fils de Dieu, messie* et *seigneur* n'ont pas la majuscule. Ils sont considérés comme des titres attribués à Jésus après sa résurrection et non comme les équivalents d'un nom propre.

À propos.

Comme l'indique le titre de l'ouvrage, les *Propos* rassemblés dans les pages qui suivent se sont *inspirés de la Bible*. À quelques exceptions près, ils portent sur des textes tirés des évangiles. Ils ont été rédigés au fil des ans, suivant l'inspiration du moment. Chaque texte forme un tout, dont la compréhension ne dépend ni de ce qui le précède ni de ce qui le suit. Il va donc de soi que ce livre n'est pas destiné à être lu à la suite, comme on le ferait pour un essai continu. Chaque *Propos* vise à faire réfléchir, en développant l'un ou l'autre point sur lequel porte la charge caractéristique de tout texte évangélique. Ces deux ou trois pages se lisent en quelques minutes, mais l'auteur espère qu'elles auront suffisamment d'impact pour nourrir la réflexion. L'important n'est pas que le lecteur ou la lectrice soit d'accord avec le développement, mais qu'il ou elle en arrive à clarifier de mieux en mieux ses propres options. À cet effet, lectrices et lecteurs sont souvent directement interpellés dans ces pages, tout comme l'auteur, d'ailleurs, qui cherche à expliciter ses propres questions.

Ces *Propos* sont donc *inspirés de la Bible*, au sens où ils espèrent rejoindre le dynamisme vital au cœur de la vie chrétienne. Ils ne sont pas, à proprement parler, d'ordre exégétique, même si on y trouvera beaucoup de données qui relèvent de l'exégèse, de l'histoire, des langues, etc. En fonction du point que tel *Propos* veut relever, il fait appel aux données nécessaires à sa compréhension. C'est ainsi que chacun est un tout pouvant se lire indépendamment des autres. Les répétitions, jamais très longues, sont donc inévitables. L'auteur a préféré ce léger inconvénient à la rédaction d'un chapitre sur les connaissances nécessaires à l'intelligence des *Propos*, chapitre auquel il aurait fallu renvoyer à maintes reprises. Le remède paraissait plus douloureux que le mal.

La question que se posait l'auteur, avant de rédiger chaque *Propos*, était : « Qu'est-ce que ce texte veut dire aujourd'hui ? » Certes, pour tenter une réponse, était-il nécessaire de comprendre ce qu'il voulait dire jadis. Mais c'est l'aujourd'hui de la foi que ces *Propos* cherchent à rejoindre. L'auteur est très conscient du danger de l'entreprise. Fondée sur le radicalisme du Nazaréen, la charge subversive de l'évangile est énorme, presque insupportable. C'est à ses risques et périls qu'on s'en approche. Si seulement la comprendre fait mal, on devine ce que voudrait dire la prendre sur soi.

D'ordinaire, on lit ces textes comme s'ils parlaient d'un être exceptionnel faisant face à un désordre unique, et ayant un destin héroïque. Pourtant, ils s'adressent aux pauvres humains que nous sommes, insérés dans un système aussi désordonné, appelés à porter la même croix. Or, ce « système », qu'il soit religieux, politique, financier, économique, social ou militaire, ne veut pas admettre le mal qui le mine, ne veut pas le voir, ne veut pas qu'on le lui montre. « Faut être réaliste, dit-il, ainsi va la vie. » « Faut être croyant, dit-il, ainsi le veut le Christ. » D'où l'inconfort de l'interprète.

Pourquoi aurait-il raison contre tant de monde, et quel bien fait-il à en inviter d'autres à le partager ? Par ailleurs, s'il a tort, quel mal a-t-il provoqué pour celles et ceux qui lui auront fait confiance ? Jacob est sorti boiteux de sa rencontre nocturne avec l'Inconnu (Gn 30,32).

Les *Propos* ont été rangés dans un ordre plus ou moins traditionnel. Le cadre évangélique est généralement respecté, sauf que les textes qui portaient sur les paroles ou les récits ont été réunis en deux grands blocs centraux. Il arrive que deux commentaires portent sur le même sujet, si des angles d'approche différents ont été utilisés pour en rendre compte. À quelques exceptions près, chaque *Propos* est précédé d'une réécriture du texte biblique commenté.

La version offerte ne vise évidemment pas à remplacer les traductions courantes, elle suppose même qu'on ait consulté l'une ou l'autre. Elle peut en rappeler le contenu en le résumant, en préciser la charge ou en raviver l'effet par l'utilisation d'un vocabulaire différent. Mais le commentaire repose souvent sur le texte traditionnel. Certains *Propos* ont l'allure de récits qui s'inspirent du passage évangélique considéré; ils permettent alors à l'imagination de rejoindre une densité humaine qu'on aurait pu être porté à oublier.

Tous ces *Propos* ont été retouchés pour la présente édition. La quasi-totalité d'entre eux a été rédigée pour *Présence Magazine*; quatre l'ont été pour le *Bulletin de liaison* du CPMO, centre de formation populaire, pour *Les manchettes* de l'Association québécoise des animatrices et animateurs de pastorale au collégial, ainsi que pour les revues *Appoint* et *Nouveau dialogue*. L'auteur ne saurait exprimer toute la reconnaissance qu'il a pour ces publications. Ses remerciements privilégiés vont à Marie-Thérèse Guilbault, rédactrice en chef de *Présence Magazine*, dont la confiance ne s'est jamais démentie. À partir de quelques réactions exprimées de vive voix ou par écrit, il a senti que plusieurs n'étaient pas indifférents au contenu de ces *Propos*, et que les écrire répondait à un besoin. Et, contrairement à ce qui est habituellement le cas, appuyé par la présence de lectrices et lecteurs dont il devinait l'intérêt, son travail a souvent été marqué par la joie.

À vous tous et toutes, merci. Puissiez-vous vous reconnaître dans ces *Propos*, qui ne valent que s'ils sont l'expression de vos vies. Beaucoup de reconnaissance, enfin, pour l'équipe des Éditions *Paulines*, en particulier Vanda Salvador, Lucille Paradis et Diane Lanteigne, sans oublier Yolande Pronovost pour sa lecture attentive du manuscrit. Ces *Propos* visent souvent de front institutions et systèmes, pourtant — et c'est un beau paradoxe! — toute publication suppose la contribution d'un ensemble d'institutions. Et, pour un auteur, être publié est le plus beau cadeau qu'il puisse recevoir. Quand ce cadeau lui est offert par un groupe de femmes pour lesquelles il a la plus grande admiration, il est comblé. Le dernier clin d'œil va à la femme de sa vie qui, sans le savoir, a inspiré beaucoup de ces pages et sans laquelle il ne trouverait plus de joie à écrire.

I. Vue d'ensemble

« Et le pouvoir de communication de Dieu avec les humains est devenu chair. »
Jn 1,1-18

> *Au commencement, il y avait le pouvoir de communication*
> *et le pouvoir de communication était tourné vers Dieu*
> *et le pouvoir de communication était divin.*
> *Et le pouvoir de communication de Dieu est devenu chair*
> *et il a planté sa tente chez nous.*
> *Dieu, personne ne l'a vu, jamais,*
> *mais un Dieu unique en son genre, qui est dans le sein du Père,*
> *l'a interprété.*

Selon Jean, Dieu est *Logos*, c'est-à-dire parole ou pouvoir de communication. L'évangéliste, comme le reste des auteurs bibliques, ne nous parle pas de Dieu en soi, mais de Dieu par rapport à nous les humains. Dieu est pouvoir de rencontre. Mais qu'en sait-il au juste, ce Jean qui, à la fin de son prologue, écrit que « Dieu, personne ne l'a vu, jamais » ?

Il en sait ce que près de sept décennies de réflexion chrétienne lui ont appris :

> *mais un Dieu unique en son genre, qui est dans le sein du Père, l'a interprété.*

La citation qui précède dit bien le point de vue de l'évangéliste. La dernière ligne résume la vie de l'homme de Nazareth, mort près de trois quarts de siècle auparavant : celui-ci a été l'interprète de Dieu (*exègèsato* : « il en a fait l'exégèse »). Sa propre vie en a été l'exégèse. Jean, cependant, ne se contente pas de parler du passé, il se demande ce qu'il en est de cet homme à son époque. Et à cela il répond : celui-là est « un Dieu unique en son genre, qui est dans le sein du Père ». Comme tous les auteurs du Nouveau Testament, l'évangéliste parle de Jésus Christ, c'est-à-dire à la fois de l'homme de Nazareth et de celui qu'il est devenu, dans le mystère de Dieu, après sa mort. Et comme c'est le cas pour tous les auteurs du Nouveau Testament, sa foi en celui qui est maintenant dans le sein de Dieu reflue sur l'homme de Nazareth et permet de le comprendre : la vie de Jésus a été l'exégèse de Dieu.

Jean avait déjà écrit la même chose autrement, un peu plus haut (v. 14a), dans ces mots qui, depuis, traversent l'histoire :

Et le pouvoir de communication de Dieu est devenu chair.

L'évangéliste ne dit pas que la capacité divine de révélation est entrée dans une chair, ni qu'elle est descendue dans une chair humaine, ni qu'elle a pris chair. Il dit qu'elle *est devenue* chair. Jésus, c'est ce qu'est Dieu quand il n'est plus Dieu, mais homme.

Jésus n'est pas un surhomme. Pas un humain comme nous, mais avec Dieu en plus. Pas homme *et* Dieu. Tout simplement parce que Dieu n'est pas *un* être. Il n'est pas un superêtre. Il n'est pas le sommet de l'être. Il est plutôt la source, la racine de l'être. Il est ce qui fait qu'il y a des êtres. C'est pourquoi Jésus ne peut pas être un homme *plus* Dieu. Si Dieu n'est pas *un* être, il ne peut pas y avoir quelque chose en Jésus de plus qu'un homme, un être, un quelque chose ou un quelqu'un qui se serait ajouté à lui. Il n'y a pas *deux* réalités en lui, l'humaine et la divine. Il n'existe rien de commun entre Dieu et un être humain, quelque chose de plus fondamental que Dieu, qui ferait qu'on puisse, pour parler de Jésus, utiliser le chiffre *deux*. Quand je dis de Jésus qu'il est vrai Dieu *et* vrai homme, je ne suis pas en train de faire une addition. Je me révèle simplement comme un pauvre humain, obligé d'utiliser un langage pour penser, mais ayant le devoir de le relativiser aussitôt. Si donc Dieu n'est pas un être, mais se situe au-delà de l'être, il n'y a *rien* en Jésus qui ait été *plus* chez lui que chez vous ou chez moi. Il n'existe que cet homme qu'est devenu le pouvoir de communication de Dieu avec les humains. Et ce Dieu, ce n'est pas dans un *plus* qu'il est à chercher, mais dans un *mouvement*. Le logos de Dieu *est devenu* chair. Jour après jour, dans le devenir homme de Jésus.

Et vous savez quoi ? Ce désir de Dieu de devenir chair n'est pas mort avec Jésus.

> *Aimez vos ennemis et priez pour ceux qui vous pourchassent,*
> *afin que vous* deveniez *fils de votre Père dans les cieux.*
> *Vous, vous serez donc accomplis* comme *votre Père,*
> *le céleste, est accompli* (Mt 5,44.45.48).

On ne peut être plus clair. Il s'agit d'entrer dans le mouvement. De laisser l'intérieur de soi être rejoint par cet étrange *vouloir communiquer* qui traverse l'existence du cosmos et l'histoire humaine. Un vouloir communiquer qui attire par en dedans.

Un vouloir communiquer qui aujourd'hui veut devenir vous.

II. Débuts

1. Les brebis noires de la famille.
Mt 1,1-17

> *Dans la lignée de Jésus, à partir d'Abraham, on compte quatre femmes: Thamar, Rahab, Ruth, ainsi que la femme d'Urie le Hittite, sans compter Marie, sa mère.*

Une simple comparaison de la généalogie de Matthieu avec celle de Luc 3,23-38 montre qu'elles ne concordent à peu près pas. Il est fort possible qu'une fois la messianité de Jésus reconnue dans la foi, on ait eu recours à des listes plus ou moins officielles pour rendre compte de la lignée de ses ancêtres. Historiquement parlant, comme Jésus était d'origine très humble, on ne le connaissait que comme fils de Joseph (Lc 4,22) ou de Marie (Mc 6,3). Ici, il est intéressant de comparer la façon de présenter Sophonie (1,1), duquel on nomme jusqu'à l'arrière-arrière-grand-père, avec celle d'Amos dont on ne parle même pas du père. Le premier est un noble, l'autre non. Tout cela pour dire que les évangélistes avaient toute liberté pour parler des ancêtres de Jésus.

Or, la généalogie de Matthieu a ceci de particulier que, dans ce genre littéraire où on a coutume de ne nommer que des hommes, elle comprend *cinq femmes*. Et pas n'importe quelles femmes. On se serait attendu à trouver des dames prestigieuses, des matriarches telles que Sara ou Rébecca, des héroïnes comme Débora ou Judith. Rien de tel. C'est assez intrigant.

Il y a d'abord Thamar (1,3), vraisemblablement une femme d'origine païenne ou cananéenne. D'elle, la Bible parle en Genèse 38 (voir aussi Rt 4,12). Elle était la bru de Juda, qui avait trois fils. Mariée à l'aîné puis au deuxième, elle les avait vus mourir tous les deux. La loi obligeait son beau-père à la donner en mariage au troisième, pour qu'elle ait une descendance. Mais Juda s'y refusa, il ne voulait pas voir mourir le dernier. Thamar, alors, usa de subterfuge. Elle se déguisa en prostituée, se fit accoster par le beau-père — qui ne la reconnut pas — et obtint ainsi de lui la descendance à laquelle elle avait droit. Païenne et ratoureuse, victime du non-respect de la loi, et usant de sa sexualité pour obtenir justice, Thamar est la première ancêtre nommée de Jésus.

Puis Matthieu mentionne Rahab (1,5a). De celle-là la Bible parle en Josué 2 et 6. D'origine païenne elle aussi, elle exerçait la prostitution à Jéricho. Un jour, elle reçut deux clients qui se trouvaient être des espions envoyés par Josué pour reconnaître la ville. Ceux-ci furent dénoncés, mais Rahab les protégea et leur sauva la vie, service qu'ils lui rendirent à leur tour quand, plus tard, la ville fut détruite. Païenne et de bon cœur, vivant de l'exercice de la sexualité, Rahab est la deuxième ancêtre nommée de Jésus.

Suit le nom d'une autre femme, Ruth (1,5b). De celle-là la Bible parle dans le livre qui porte son nom. Païenne elle aussi, elle était du pays de Moab. Elle avait épousé le fils d'un couple originaire de Bethléem. Après la mort de son mari et de son beau-père, elle prit le parti de suivre sa belle-mère qui avait décidé de retourner chez elle. Arrivée là, cependant, veuve et sans enfant, ne voulant être à charge de personne, elle entreprit de se trouver un mari. Découvrant un propriétaire terrien à l'aise et compatissant, elle attendit qu'un bon soir, voulant veiller sur sa récolte, il décide de coucher sur place, pour se glisser sous son manteau. Lui qui s'était couché célibataire se réveilla marié ! Païenne, attachée à sa belle-mère, démunie mais pleine de ressources et n'hésitant pas à se servir de sa sexualité pour assurer son avenir, Ruth est la troisième ancêtre nommée de Jésus.

La suivante reste anonyme dans la généalogie (1,6b). La Bible parle d'elle et la nomme en 2 Samuel 11-12. Cette Bethsabée était la femme, vraisemblablement d'origine païenne, d'un général de David, Urie le Hittite. Le saint roi en eut envie, un soir qu'il la vit de loin dans son bain. Il l'envoya prendre, coucha avec elle et s'arrangea pour faire périr son mari. Païenne, victime innocente de la violence sexuelle d'un roi, Bethsabée est la quatrième ancêtre nommée de Jésus.

La dernière, dont le nom est peut-être d'origine cananéenne, donna naissance à Jésus (1,16). Comme l'explique ensuite Matthieu, elle devint enceinte alors qu'elle était légalement mariée à Joseph, mais avant qu'ils aient entrepris la vie commune. Ainsi sujette à toutes sortes de rumeurs, Marie est la mère de Jésus.

L'objectif de l'évangéliste, lorsqu'il fait entrer ces cinq femmes dans la généalogie de Jésus, est clair. Il veut montrer que, tout en étant inséré dans une lignée propre au messie d'Israël, le Nazaréen a vécu en continuité avec plusieurs de ses ancêtres. À lire cette suite de noms, on comprend la qualité de ses relations avec les femmes qu'il avait rencontrées, la prédilection du Règne pour les rejetés — « les collecteurs d'impôts et les filles publiques entreront avant vous dans le Règne de Dieu » (Mt 21,32) — et son ouverture aux païens. Selon l'évangéliste, impossible de comprendre Jésus et de devenir à notre tour homme ou femme de compassion, si nous ne reconnaissons pas les meurtrissures qui marquent l'histoire de notre famille et notre histoire personnelle.

Noël fête l'entrée des brebis noires dans la famille de Dieu.

2. Le drame.
Récit inspiré de Mt 1,18-25

> *Marie et Joseph étaient mariés mais ne vivaient pas encore ensemble. Joseph, apprenant un jour que sa femme était enceinte, décida de s'en séparer. Une Voix intérieure l'en dissuada. Marie était sa femme, et, en elle, la force de vie de Dieu avait fait son effet. Il la prit chez lui, mais il attendit la naissance de Jésus avant de s'unir à elle.*

Ils venaient de partir. La nouvelle l'avait assommé. C'était trop beau pour durer. Il se souvenait des débuts comme si c'était hier. Joachim, un voisin du bout du village, était venu faire une petite visite. Étrange, se disait-il, on ne l'a jamais vu à la maison auparavant. Il n'avait pas compris, non plus, sur le coup, les petits sourires au coin des lèvres de ses parents. Joachim était revenu, à quelques reprises, la dernière fois avec Anne, sa femme. La rencontre s'était prolongée tard dans la nuit, il aurait bien aimé savoir ce qui se passait, mais on l'avait envoyé dormir chez l'oncle Nathan. Le lendemain, il avait compris pourquoi le voisin avait un jour emmené sa fille Marie ; pourquoi sa propre mère, sur un drôle de ton et sans même le regarder, lui avait un jour demandé ce qu'il pensait de la fille en question (elle était belle, ça l'intimidait, mais pas trop gênante, ça le mettait à l'aise) ; et pourquoi toutes ces visites : ils avaient signé le contrat la nuit dernière. Il était marié ! Marie était sa femme. Il revivait encore le conflit d'émotions qui s'était emparé de lui à cette nouvelle : panique (il était si jeune, même pas treize ans ; qu'est-ce que ça fait un homme marié ? il avait encore tout à apprendre du métier de son père ; où allaient-ils vivre ?), joie, fierté de l'avoir, elle, pour femme ; trouble de cet aller-retour en lui de l'homme à l'enfant.

Ça faisait cinq mois qu'il ne l'avait pas vue, en fait depuis qu'elle avait accompagné son père au cours d'une de ses visites.

Il y avait eu tant à faire pendant ces semaines : délimiter un petit lopin de terre derrière la maison paternelle, construire une rallonge où il habiterait avec elle, accoupler les animaux, faire le trousseau, puis préparer la fête. Tout le village attendait ce fameux jour où on emmènerait sa jeune femme dans leur maison à eux, où ils seraient vraiment mari et femme. Il en mourait d'attente, et de peur.

Mais c'était avant. Ils venaient de partir. La nouvelle l'avait assommé. Rouges de honte, faisant pitié à voir, presque incapables de parler, ils avaient fini par avouer. Leur fille était enceinte ! Ils n'avaient pas pu en dire davantage. Ses parents avaient été admirables de retenue. Ils auraient pu pousser les hauts cris : et toutes ces dépenses que nous avons encourues ? la maison ? les préparatifs ? comment a-t-elle fait son compte ? Ils s'étaient tus, comme écrasés de peine. Même quand les autres étaient partis, ils avaient évité toute parole blessante. Son père avait simplement déclaré qu'il verrait à faire rédiger l'acte de divorce qui permettrait à la petite de se remarier. Il ne fallait pas qu'elle soit indéfiniment à la charge de son père.

Il eut évidemment peine à dormir cette nuit-là. Au matin, sans trop s'en rendre compte, il se découvrit marqué par l'attitude de ses parents. Il exigea de son père la plus grande discrétion. Cette histoire avait causé assez de souffrances jusque-là, il aurait été indécent d'en rajouter. Ses beaux-parents méritaient qu'on les respecte et il ne servirait à rien d'accabler davantage sa femme. Que le temps fasse lentement son œuvre. Puis il chercha à oublier dans le travail. Mais il n'avait pas le cœur à l'ouvrage et son père fit mine de ne pas le remarquer.

Les jours passèrent. Surpris, il n'arrivait pas à trouver le calme tant recherché. Pourquoi toute cette agitation ? Après tout, il n'avait rien fait de mal, au contraire, n'était-ce pas bien de veiller à ne pas ébruiter l'affaire ? Il avait accompli plus que son devoir, ses parents n'arrêtaient pas de le lui dire, inquiets de le sentir soucieux. Heureusement qu'il n'avait pas écouté ses amis qui le pressaient de montrer au grand jour le comportement de la dévergondée! Dans quel état se retrouverait-il? Mais il n'arrêtait pas de se sentir mal avec lui-même.

Jusqu'à ce qu'il accepte de laisser monter en lui cette pensée, contraire au bon sens, qu'il ne voulait pas accueillir parce que trop dérangeante, mais qui n'eut de cesse de cogner à la porte de sa conscience jusqu'à s'y imposer: Marie, c'est ta femme, que son enfant devienne le tien! Mais (Seigneur?) que vont dire mes parents? que vont dire les gens? ai-je le droit? je ne sais pas ce qu'elle a fait, peut-être ne veut-elle pas de moi? que sera la vie de l'enfant? les gens savent bien que je ne suis pas son père, mais qu'est-ce que c'est que cette pensée? Et plus il la réprimait, plus elle s'enflait contre lui; plus il trouvait d'arguments pour se convaincre qu'elle était folle, plus elle faisait monter de joie en lui, à lui faire perdre l'équilibre, à lui faire perdre pied, à le rendre fou d'amour. Après qu'il se fut laissé convaincre, il était encore moins calme qu'avant, mais il avait cette fois trouvé l'harmonie et le bonheur.

Il l'emmena discrètement chez lui, tremblante et incrédule, et fit chambre à part jusqu'à la naissance de l'enfant. Il se montra si bon père de cette terre que plus tard l'enfant donna le nom de Père du ciel à l'Inconnu de là-haut.

3. Elle aurait tant voulu oublier.
Récit inspiré de Mt 1,18-25

> *Joseph s'était ravisé et avait décidé de ne pas renvoyer Marie avec l'enfant qu'elle portait.*

Il venait de s'endormir. Elle regardait son garçon. Il l'avait épuisée. Elle avait eu tellement mal, mal à en crier vers Dieu : « Yahvé : à l'aide », avait-elle crié (« Yéshoua », dans sa langue). Son homme et elle avaient décidé que ce serait son nom. Elle le regardait. Réussirait-elle à l'aimer ? Elle aurait tant voulu oublier. Mais il serait toujours là pour se rappeler à elle.

Le moment, elle l'avait effacé tellement de fois qu'il était refoulé dans le flou. Mais après. Les semaines d'angoisse. Le contrat de mariage signé quelques semaines auparavant. Comme elles avaient été longues, les négociations ! Heureusement, se disait-elle alors, que Joseph ne me déplaît pas. Réservé, réfléchi, c'était bien. Au cours de conversations avec ses amies, elles en avaient écarté bien d'autres. Elle avait de bons parents, ils n'avaient pas voulu la confier à n'importe qui. C'est justement pourquoi ces semaines avaient été terribles. À ne pas dormir, à se surveiller, à supplier son corps de produire ce sang qui la délivrerait, à en rêver, à s'éveiller toujours sèche. À devoir tout cacher aux siens. À faire comme si de rien n'était. Jusqu'au jour où, sans espoir, il avait fallu parler.

Si au moins ils avaient crié, s'ils l'avaient frappée. Mais leur silence. Mais leurs grosses larmes qui se suivaient entre deux sanglots. Mais l'humiliation dans leurs beaux yeux noirs. Mais leurs épaules rentrées. Mais leurs pas pesants. Mais leur discrétion. Oublierait-elle jamais ? Et le village qui le savait maintenant. Et les regards qu'elle devinait autour d'elle. Et Joseph qui voulait la renvoyer sans l'humilier davantage. L'incompréhensible Joseph qui lui avait ensuite fait dire qu'il était toujours son homme, qu'elle était toujours sa femme, et que l'enfant à venir serait le sien, le leur. Joseph qui l'avait accueillie doucement chez lui. Joseph qui ne lui posait pas de questions, n'en avait jamais posées. Joseph qui ne l'avait même pas encore touchée. On aurait dit que rien ne devait se passer entre eux avant la naissance de l'enfant. Joseph qu'elle avait vu presque cogner sur un de ses amis : que lui avait-il dit ? Tant de souffrances, tant de souffrances. Pourrait-elle jamais oublier ?

Pourra-t-elle jamais l'aimer ? Elle le regardait. Devinant Joseph, à l'écart, les yeux sur eux. Quelle vie auront-ils tous les trois ? Quelle sorte de père sera-t-il pour l'enfant ? Et le petit, comment réagira-t-il quand il apprendra ? Peut-être était-ce l'effet de la fatigue, elle était si fatiguée, mais pour la première fois depuis des mois, à le regarder, elle avait un peu moins mal. Pour la première fois depuis des mois, elle s'en rendait compte, elle pouvait regarder quelqu'un sans baisser les yeux. Il avait tellement besoin d'elle, bientôt il aurait soif. Tous les trois avaient tellement besoin l'un de l'autre. Mais oublieraient-ils jamais ? Pourra-t-on jamais oublier ?

4. L'heure est à la reconnaissance.
Lc 1,39-45

> *Partie de Galilée, Marie arrive en Judée, chez Élisabeth.*
> *— Salut, Élisabeth!*
> *— Marie! Comme je suis heureuse! Il n'y en a pas d'autre comme toi. Tiens, même mon enfant est en train de sauter de joie dans mon ventre! Il a reconnu celui que tu portes. Comme tu as eu raison de faire confiance à la vie!*

Il est une façon de lire le récit de la rencontre entre Marie et Élisabeth qui lui fait perdre beaucoup de son sens, c'est de le prendre au pied de la lettre. Les deux femmes se rencontrent, le Précurseur saute d'allégresse dans le ventre de sa mère, Élisabeth connaît la destinée de l'enfant que porte Marie et se réjouit de la foi de celle-ci. Rendons grâce à Dieu et passons au texte suivant. Mais qu'en est-il de la future densité humaine des deux jeunes vies qui se rencontrent par l'entremise de leurs mères? Qu'en est-il de leur liberté, de la prise en charge de leur existence, de leur responsabilité de s'assumer devant les humains et devant Dieu? Et si Jean avait décidé d'avoir en horreur le désert et ses sauterelles, et de n'éprouver aucune propension à perdre la tête avant le temps? Et si Jésus s'était trouvé trop occupé pour quitter son établi de Nazareth et aller entendre quelqu'un crier dans le désert? Se pourrait-il que tous les humains aient à discerner de l'orientation de leur vie sauf ces deux-là, les deux plus grands, censés en plus tracer le chemin pour tous les autres?

Si ce texte ne parle pas de quatre destinées tout organisées par le Grand Manipulateur, de quoi parle-t-il alors? De reconnaissance. Jean et Jésus se sont reconnus et aimés. Marie et Élisabeth ne se sont peut-être jamais rencontrées de leur vivant, mais à travers leurs enfants, impossible de ne pas reconnaître leur parenté de cœur et d'esprit. Dans le récit qu'ils nous livrent, nos sœurs et frères de jadis, l'évangéliste à leur tête, se réjouissent de leur foi et se reconnaissent dans celle d'Élisabeth, et de Marie, et de Jean et de Jésus.

Croire, c'est se reconnaître. C'est s'expérimenter emportée, pour l'une, charrié, pour l'autre, dans un grand courant qui traverse l'humanité depuis des millénaires. C'est reconnaître, ici et là, ce tourbillon intérieur qui vient Dieu sait d'où. Je le reconnais, parce que l'autre me renvoie l'écho de ce que j'entends autrement montant du fond de moi. Cet ailleurs, cet autrement que moi, c'est également moi, aussi l'autre est-il mon frère, est-elle ma sœur. Abraham, qui part sans savoir où il va, c'est moi. Moïse, qui entend les cris de son peuple, c'est moi. Amos qui hurle devant l'injustice, Jérémie qui voudrait cesser de déranger tout le monde, c'est moi. Agar rejetée, Sarah enceinte, c'est moi. Jean criant la colère de Dieu, Jésus mourant écartelé après s'être attaqué aux puissances du temple, c'est moi. La foi des débuts, c'est moi. La vie de l'Église, c'est moi. Mes frères et sœurs dans la foi que j'ai eu la chance de rencontrer dans ma vie, c'est moi.

La vie chrétienne devrait être un incessant phénomène de reconnaissance. Jean a reconnu Jésus, qui s'est reconnu en lui. Les disciples se sont reconnus et en Jean et en Jésus. Le christ a reconnu sa disciple des débuts : « Marie ! » qui à son tour l'a reconnu : « *Rabbouni* ! » La fraternité chrétienne est affaire de reconnaissance. Voyant l'autre, ses choix, ses partis pris, sa lecture des événements, ses orientations, son style de vie, je m'en rends compte d'instinct : tu es mon frère, tu es ma sœur. Quel que soit ton credo, bien plus profondément que les énoncés de foi, j'oserais même dire : quelle que soit ta religion, même si tu n'as pas de religion. Tu es mon frère, tu es ma sœur parce que tu vis du même tourbillon qui t'emporte dans le même courant, qui te fait témoigner de la même liberté, crier la même colère, éprouver la même souffrance.

La reconnaissance fait l'Église. Dedans aussi bien qu'en dehors de l'institution. Avec ou sans les mots pour la dire. Sans plan définissable. Sans qu'on sache combien nous sommes. Sans qu'on devine encore l'avenir, sans même savoir si on a un avenir. Sans qu'au fond ça importe. Il y a ce courant qui nous emporte. Et il fait trembler le monde, et ceux dans l'Église qui l'ont remplacé par leurs énoncés irréformables, leurs structures éternelles.

Comme tu as eu raison de faire confiance à la vie et à ce qu'elle révèle de la part du seigneur !

5. « Pourquoi nous avoir fait ça ? »
Lc 2,41-52

> *Les trois sont montés à Jérusalem pour la pâque. Mais à l'insu de ses parents, Jésus n'est pas dans la caravane du retour. Après moult inquiétudes et recherches, on le trouve au temple. Il était fasciné par les discussions qui s'y tenaient et intervenait, ma foi, de façon fort intelligente pour un garçon de douze ans. Marie était dans tous ses états.*
> — *Mais pourquoi nous avoir fait ça ? Ton père et moi, nous étions morts d'inquiétude !*
> — *Il n'y a rien là. J'ai un autre Père dont je dois m'occuper.*
> *Sa réponse ne régla rien.*

Marie a un cri du cœur : « Pourquoi nous avoir fait ça ? » (2,48) Cri de combien de parents d'ados avant et depuis ! *Pourquoi nous avoir fait ça ?* Cette parole, tellement typique, nous permet de nous introduire, doucement, à l'intérieur de la « Sainte Famille ». Famille, chose peut-être surprenante, plus moderne et bouleversée que ne le laissent prévoir les halos et auréoles qui enserrent depuis toujours les têtes des personnages.

Allons-y crûment. La grossesse de Marie l'a douloureusement marquée toute sa vie. Pour les voisins et parents, il s'agissait d'une conception illégitime. Si elle proclame que Dieu lui-même « a jeté les yeux sur l'humiliation de sa servante » (Lc 1,48), c'est que les autres lui ont durement reproché sa grossesse. Pour eux, Jésus sera toujours « le fils de Marie » (Mc 6,3), c'est-à-dire celui dont on ne connaît que la mère.

L'humiliation de Marie rejaillit donc sur Jésus. Ça commence avec « le fils de Marie » ; ça se poursuit avec « un glouton et un ivrogne, un ami des collecteurs d'impôts et des hors-la-Loi » (Mt 11,19) et ça se termine avec la dérision de l'écriteau : voilà de quoi il a l'air « le roi des Judéens » ! (Mc 15,26) Il a fallu que Jésus ait beaucoup de densité intérieure pour pouvoir développer une solide estime de soi en pareil contexte. Mais la cicatrice révélera toujours la blessure. S'il a tellement le sens de la dignité humaine, c'est qu'il connaît la douleur du mépris. S'il est si proche des petits, c'est qu'il est l'un d'eux. Il sait d'expérience la longueur de la guérison et la fragilité de l'équilibre trouvé.

On lui a fait mal. Et il a fait mal à son tour. Faut-il s'en surprendre ? Pas si on fait partie de la condition humaine. Il a heurté ses parents quand, au début de l'adolescence, il s'est esquivé pour aller voir, sur place, de quoi avaient l'air ceux que plus tard il traiterait de « voleurs » (Mc 11,17). Quelque temps après avoir quitté Nazareth, c'est lui qui a été blessé quand sa famille au grand complet — mère, sœurs, frères — a cherché à s'emparer de lui pour le ramener à la maison : « il n'a plus sa raison, disaient-ils » (Mc 3,21). Mais qu'a dû penser la famille, sa mère surtout, de sa réplique ? En effet, on vient à peine de lui dire : « Voici ta mère et tes frères et tes sœurs, dehors, qui te cherchent », qu'il répond : « Qui est ma mère, et qui sont mes frères ? [...] Voici ma mère et mes frères. Quiconque fait la volonté de Dieu, celui-là est mon frère et ma sœur et ma mère. » (Mc 3,33.35) Quiconque fait la volonté de Dieu...

La riposte est vive. Elle dit que la manœuvre de sa famille, de sa mère (surtout ?), l'atteint au cœur. « Pourquoi m'avoir fait ça ? » aurait-il pu dire, citant Marie elle-même. Ne voyez-vous pas que vous vous opposez à la volonté de Dieu ? Étonnante capacité de ceux qui s'aiment de se faire mal les uns aux autres. Avec les meilleures intentions du monde. Même dans la « Sainte Famille ». Et plus d'une fois. « Qu'ai-je à voir avec toi, femme ? » répond-il à Marie, touchée par l'embarras du nouveau marié de Cana (Jn 2,4). Touchant, cet homme de Dieu « enfargé » comme nous tous dans les relations humaines !

Touchant, cet homme de Dieu qui a vécu des tensions avec sa mère et semble avoir été tellement près de cet homme qui n'était pas son « vrai » père. Joseph était venu bien près de laisser Marie et son futur enfant à leur sort. Mais, emporté par une vague intérieure, il s'est repris, a gardé sa jeune femme et accepté de devenir le père de l'enfant qu'elle portait et qui n'était pas de lui (Mt 1,19.24). Et quel père il fut! Assez grand, assez présent, assez important pour que son fils nomme son Dieu à partir de lui. Il faut que Jésus ait aimé passionnément Joseph pour s'adresser à Dieu en le nommant *papa*. Il ne pouvait penser Dieu, éprouver son amour, expérimenter cette confiance de fond qui le poussait à oser, grandir, vivre libre, qu'à travers le souvenir de ses relations avec Joseph.

Touchante, la Sainte Famille. Mère qui conçoit hors mariage. Père qui élève un fils qui n'est pas de lui. Ado qui fait une escapade. Incompréhensions mère-fils. « Pourquoi nous avoir fait ça ? » Moderne et bouleversée, la Sainte Famille. De toujours, peut-être, la Sainte Famille.

III. Bouleversement

1. Avez-vous trouvé votre désert ?
Lc 3,1-6

> *Ce ne fut pas à Rome, où régnait le maître du monde.*
> *Ni là où gouvernaient ses pions.*
> *Ni au temple de Jérusalem, où officiait le grand prêtre.*
> *Mais au désert, que Dieu décida enfin de parler, à un dénommé Jean.*

Ça se passe en 28-29 de notre ère. Tibère était le césar de l'époque. À Rome, bien sûr. Au cœur de l'Empire. C'était la seule puissance du temps dans le monde méditerranéen. Et on ne pouvait entrevoir de fin à sa domination. En Palestine, l'Empire avait ses représentants pour veiller à ses intérêts. Des noms connus : Ponce Pilate, Hérode, Philippe, Lysanias. Et un empire a toujours besoin d'alliés dans les pays conquis pour exercer son gouvernement. Aussi ceux de Rome à Jérusalem sont-ils nommés : Anne et Caïphe, grands prêtres. Les morceaux sont en place. L'organisation du pillage des ressources est bien rodée. Tant pour le temple : au nom de Dieu, évidemment. Tant pour les dignitaires : au nom du césar, cela va de soi. Tant pour Tibère : au nom des lois de l'économie, faut-il le mentionner ?

Le système fonctionne à plein régime. Sous l'œil bienveillant de Tibère, Rome n'a jamais été plus belle. Grâce à Hérode, Tibériade vient d'être magnifiquement construite en Galilée. Avec l'appui d'Anne et de Caïphe, le plus beau temple de l'histoire d'Israël achève d'être érigé. Les grands ronronnent de contentement. Certes, la Palestine est saignée à blanc, mais ils sont tellement fiers de leurs œuvres. Leurs noms passeront à l'histoire. Comme ils sont importants !

Mais la phrase qui parle d'eux, commencée dans la ouate, se termine dans un coup de tonnerre dont il faut saisir la violence : c'est *au désert que Dieu décida enfin de parler, à un dénommé Jean*. Comprenez-vous le terrible jugement de cette finale ? La parole de Dieu, la parole importante de Dieu, la parole si attendue de Dieu, vient d'être prononcée. Et elle a été dite à Jean. Et elle a été entendue au désert. Pas à Rome et pas à Tibère qui y réside. Pas à Césarée et pas à Ponce Pilate qui y loge. Pas à Tibériade et pas à Hérode qui y demeure. Pas à Jérusalem et pas à Anne et Caïphe qui y habitent. Pas dans les capitales. Pas dans les villes de pouvoir. Pas dans les villes sacrées aux temples vénérés. Pas au grand monde. Au désert, à Jean, un inconnu jusqu'alors. Dans la marge de l'histoire, à un marginal.

Le bonheur de Dieu s'en vient donc. Bonheur bouleversant, d'un renversant dont les images sont tirées de la nature : ravins comblés, montagnes rabaissées, chemins redressés. Cet ordre de l'Empire dont les contours semblaient éternels est sur le point d'être mis sens dessus dessous. Pour le plus grand bonheur des peuples. La bonne nouvelle à laquelle tous aspirent (sauf les grands) est enfin prononcée.

Et après, dites-vous ? Jean et Jésus sont morts, ajoutez-vous ? Rien n'a changé depuis, concluez-vous ? Oui, sans doute. Mais, plutôt non. Tout a changé parce que Jean et Jésus ont rencontré le bonheur au désert. Ils ont trouvé leur ailleurs, à partir duquel ils ont compris la vie. C'est là, dans la blancheur fulgurante du désert, qu'ils ont trouvé la clarté du regard, la sérénité du visage, leur petit sourire en coin. Car au désert, là où ne vont pas les grands, Jean et Jésus ont intuitionné la faiblesse de l'Empire, le dégoût de vivre du césar et de ses représentants, le vide des capitales et de leurs temples. Là où, censément, il n'y a rien, ils ont trouvé tout. Et leur bonheur devint tellement radieux, tellement évident que les puissants, à le voir, se sentirent les jambes molles de panique et les assassinèrent. Il leur était insupportable de se faire révéler l'effroyable néant de leur existence.

Voulez-vous comprendre ? Désirez-vous courir le risque ? Trouvez votre désert. Découvrez ce lieu en vous-même où le

Marginal fait advenir sa parole. Si vous l'écoutez, rien ne sera plus jamais pareil. L'Empire, qu'on s'emploie soigneusement à monter sous nos yeux, toujours pour saigner à blanc peuples et pauvres, vous paraîtra d'une pitoyable faiblesse. Dans les yeux des grands — je vous en prie, regardez leurs yeux à la télé —, vous lirez tristesse et terreur. Mais au coin de vos lèvres, vous découvrirez un petit sourire.

Vous saurez, alors, que vous avez trouvé votre désert et qu'ayant trouvé Dieu, vous mourrez heureux.

2. Il blesse et tue.
Lc 3,10-18

> Les gens demandent à Jean quoi faire pour être heureux. La réponse sort dru :
>> Vous possédez des choses qui ne sont pas absolument nécessaires pour vivre ?
>>> Partagez-les avec les démunis.
>> Vous occupez une fonction qui vous oblige à brimer les petites gens ?
>>> Faites le minimum.
>> Vous seriez en mesure de vous enrichir de façon violente ou injuste ?
>>> Gardez-vous-en bien.
>> Pensez-y. Moi, je ne peux que vous parler et vous déstabiliser en vous invitant à vous détourner des façons courantes d'agir. Mais j'en vois venir un Autre qui peut vous faire autrement mal !

Jean déclare qu'il est urgent de changer de vie, pour que les péchés soient effacés. Ce qu'il entend par là se comprend à partir de la fin. Il voit venir la grande séparation du jugement : le blé d'un côté, dans la grange ; la paille de l'autre, au feu. Deux sorts différents, pour deux sortes d'humains. Voilà ce que Luc ose appeler une bonne nouvelle pour le peuple ! En quoi pardon et jugement le sont-ils ? Les interpellations de Jean le disent. Vous avez un vêtement de rechange ? Donnez-le à quelqu'un qui en a besoin. Vous allez chez les gens pour y prélever les impôts ? N'en profitez pas pour vous graisser la patte. Vous faites partie de la garde personnelle de grands personnages ? Pas de violence et contentez-vous de votre salaire. La situation est claire. Les gens sont écrasés par les impôts, victimes de violence et d'oppression, dans la misère. Avoir un seul vêtement de surplus, c'est déjà être riche et faire face au devoir du partage.

Pas surprenant que l'activité du prophète se passe au désert, loin du pouvoir, c'est un métier dangereux.

Jean prend le parti des pauvres et ne demande qu'une chose aux autres : « Cessez de vous faire les complices du système ! Sortez-en ! Vivez en fonction de la libération qui s'en vient ! » C'est cela la bonne nouvelle pour le peuple. C'est exactement ce que veut dire l'appel à changer de vie pour que les péchés soient effacés. Ces *péchés*, c'est la situation même dans laquelle se retrouve le pauvre monde. Si on la regarde un peu largement, la situation, c'est la présence de l'Empire romain, venu grappiller les ressources du pays et lui imposer de force sa culture. Ce sont les roitelets qu'il installe de force, simples courroies de transmission de ses ordres. Ce sont les grands prêtres et les fonctionnaires, pris en étau entre les diktats de l'Empire et les cris de leur peuple opprimé. Car le mot « péché », tel qu'il était compris dans la culture du temps, disait bien de quoi il s'agissait. Une des principales caractéristiques du péché, en effet, c'est de déclencher une sorte de mécanisme implacable qui détruit de l'intérieur l'organisme en question – collectif ou individuel – et le conduit de décision en décision jusqu'à la mort. Et rien au monde ne peut en entraver le fonctionnement. Il faut que Dieu s'y mette, et c'est ce qu'il fait quand on dit de lui qu'il *pardonne* les péchés. Il arrête la machine destructrice et réoriente le « pécheur » dans la direction de la vie. Le péché, c'est loin de n'être qu'une tache à effacer, une erreur à oublier.

On comprend donc que Jean, pas plus que Jésus qui a pris sa relève, ne se soit intéressé à de simples *conversions* individuelles, ou à fonder un club de « sauvés » séparés du monde, ou ne se soit préoccupé de transgressions de lois religieuses ou cultuelles. Le péché ou la conversion ne sont pas des réalités étroitement religieuses. Ce sont des façons globales de se situer par rapport à la société dans laquelle on vit. Ou je profite du système, et alors je suis complice du péché, j'ai perdu toute dignité humaine et je ne vaux pas davantage que de la paille qu'on jette au feu. Ou bien je décide d'être marginal par rapport au même système, et, ayant pris une distance consciente et active par rapport à lui, j'accepte d'être remis dans le chemin de la vie pour retrouver la valeur d'un être humain. La bonne nouvelle qu'annonçait Jean, c'est que le Dieu vivant avait décidé que la situation avait assez duré et qu'il était sur le point d'amorcer le grand nettoyage. Enfin, le peuple pourrait vivre librement.

Est-il besoin de dire que le « péché » existe toujours, qu'il a les mêmes caractéristiques que jadis, le même mode de fonctionnement destructeur ? Faut-il ajouter que les humains restent les mêmes à travers les âges ? Dans son ensemble, l'humanité d'aujourd'hui est encore opprimée. Beaucoup, dont nos sociétés occidentales, sont responsables de la mise en place du système, ou contribuent à ce qu'il se perpétue, ou encore en profitent. Et certains appellent à lutter contre lui. Pas plus jadis que maintenant les humains ont-ils les noms de « pécheur » ou de « prophète » écrits sur le front. Mais il suffit d'ouvrir l'écran de la télé pour les voir et les entendre à l'œuvre.

— Make no mistake, America is strong !

— La mondialisation est inévitable, nous devons nous y soumettre.

— Voici les dates des futurs week-ends d'initiation à la non-violence.

Jadis il était en Palestine, aujourd'hui l'Empire est en Irak, y imposant sa culture par la force. Il y installe ses roitelets chargés de lui remettre les fruits du pétrole. Et les chefs du peuple sont coincés entre les diktats de l'Empire et les cris qui montent des opprimés. Et l'implacable mécanisme de destruction est enclenché qui blesse et tue, blesse et tue, blesse et tue. Il est à l'œuvre partout : Afghanistan, Israël... Ici même, il fait fermer les usines, appauvrit la terre, détruit la forêt, empoisonne l'air, coupe les ailes de l'appel à la libération.

Toujours et partout, le péché blesse et tue. Souvent — la plupart du temps ? — ceux chez qui il est à l'œuvre l'ignorent, convaincus de leur bon droit et de la justesse d'un système qui a ses limites, certes, mais qui ne demande qu'à être perfectionné. C'est ce mur d'incompréhension que des prophètes comme Jean et Jésus ont frappé, et que rencontre tout être humain de bonne foi, quand il découvre le péché tout autour de lui et même, ô horreur ! en lui. *Est-ce moi, seigneur ?*

Oui, je suis celui, celle, qui blesse et tue. Quand je le reconnais, c'est que la libération, si douloureuse soit-elle, a commencé à faire son œuvre.

3. Décider de Dieu.
Mt 4,1-11

> *— Si Dieu compte pour toi, lui dit l'Examinateur, change toutes ces pierres en pains et donne-les aux pauvres.*
> *— À quoi sert le pain si, en dedans, on a perdu le goût de vivre ?*
> *— Eh bien, à la place, jette-toi en bas, ton Dieu prendra soin de toi et tous croiront en lui.*
> *— Mais pour qui prends-tu le Dieu vivant ?*
> *— Regarde alors : l'Empire, la puissance, les honneurs, l'argent. Tu me dis oui, et je te le donne.*
> *— Que du vent ! Seul Dieu est Dieu.*

Le récit de « la Tentation » n'en est pas un. Le Jésus de l'évangile n'a vaincu personne. Il a eu à faire un choix terrible, difficile, éprouvant : il a eu à décider de Dieu. Et le récit de nous refiler la responsabilité de décider à notre tour. Facile, dites-vous ? Si le texte est facile à lire, la réalité l'est moins.

Ils sont deux à parler de Dieu. Aussi convaincus l'un que l'autre, aussi convaincants l'un que l'autre, aussi experts en Écritures et en traditions. Et ils sont d'aujourd'hui. Le problème est de savoir lequel est lequel, ou qui dit le vrai Dieu.

Selon l'Un, il faut quand même être sérieux. Si nous nous prétendons de Dieu, soyons efficaces. Les gens vivent dans la misère, ils ont faim. Quiconque se réclame de Dieu se doit donc de fournir le pain à ces innombrables humains qui n'ont pas de quoi vivre. Sinon, ne serait-on pas en droit d'accuser Dieu d'être insensible à la misère des siens ? « Nous sommes de Dieu, disaient-ils récemment, parce que d'un côté nous anéantissons le Mal avec nos bombes, et de l'autre nous parachutons des vivres aux pauvres réfugiés. » Être efficace et donner le pain, c'est bien, de répliquer l'Autre, mais dans l'intime de votre être, en ce lieu où s'entend la voix de l'Innommable, quelles sont vos motivations et quelle sorte d'humains êtes-vous en train de devenir ?

Quiconque est de Dieu, reprit l'Un, doit lui manifester une confiance éperdue. Il lui faut monter au sommet de la Religion, s'y jeter tout entier, et aucun mal ne lui arrivera. « Nous sommes de Dieu, disaient d'autres, parce que tout en anéantissant les hautes tours du Mal, nous donnons nos vies pour Dieu. » Avoir une très grande foi, c'est bien, répondit l'Autre, mais pas de faire passer le Dieu vivant pour un fou furieux.

Alors ce fut le test ultime, celui de l'Empire. L'Un fit référence au monde entier, qui apparut dans toute sa splendeur et sa puissance, le monde de tous les temps et de toutes les époques, y compris la nôtre. Une langue passe-partout, pour effacer Babel. Une culture universelle, répandue par d'immenses réseaux médiatiques : même architecture, mêmes spectacles, mêmes modes, même échelle de valeurs, même lecture de la réalité véhiculée par des journaux identiques ou des commentateurs rompus aux mêmes techniques, même système financier et économique. Avec d'immenses moyens pour contenir les inévitables différences : officiers bien entraînés, clôtures électroniques, avions, bateaux et satellites performants pour garder les frontières et empêcher les masses de pauvres d'envahir les pays riches, policiers nombreux, assistés de gardes privés, de soldats ou de troupes paramilitaires pour assurer la sécurité des privilégiés du système, bases militaires couvrant la planète pour réprimer tout soulèvement, où qu'il advienne. Tout cela brillait, miroitait, se pavanait. Voilà la vraie vie, se disaient-ils, la preuve que nous sommes bénis de Dieu ("*God bless America*" puisque "*In God we trust*"). Et l'Empire, en un jour sombre de son histoire, de montrer qu'il était bien de Dieu puisqu'il en révélait tous les aspects : rassemblé dans une église prestigieuse, en présence des signes de sa puissance militaire, avec la bénédiction des chefs religieux, il annonça la guerre au nom de la liberté et des valeurs humaines, la miséricorde pour les repentants et la pitié pour les victimes. C'est toi qui devrais te prosterner devant Dieu, de répliquer l'Autre, au lieu de forcer le monde à se prosterner devant toi.

L'Un a toutes sortes de visages, pour présenter toutes sortes de dieux, qui prétendent tous être le vrai. L'Un, c'est le chef religieux, l'homme politique, telle auteure en vue, telle spiritualité en vogue, telle réaction d'extrême droite, tel engagement d'extrême gauche. L'Un, c'est tout autant une rencontre du Fonds monétaire international, qu'une contre-manifestation. L'Un, c'est vous, c'est moi. Nous sommes tous l'Un pour quelqu'un d'autre. Quand nous nous croyons ajustés aux orientations profondes de notre être, nous prétendons tous dire quelque chose de fondamental du vrai Dieu. Chacune, chacun de nous est entouré d'une multitude de dieux, parmi lesquels nous faisons continuellement des choix. Or, l'Autre nous invite à la plus grande humilité. Si nous sommes condamnés à décider de Dieu, lui seul sait ce qu'il est vraiment, ce qui en fait une réalité très subversive, qui relativise toutes les paroles à son sujet.

C'est dans la solitude que cette décision se prend. J'en porte toute la responsabilité. Et je ne peux qu'espérer une chose, soit qu'au moment où le Dieu vivant se fera connaître, j'aurai humainement décidé correctement de lui.

4. Le test.
Lc 4,1-13

> *Le Procureur l'interroge sur le don du pain, la recherche du bonheur, les prétentions de l'Empire à définir le sens de la vie. Lui trouve au fond de lui-même et dans la tradition qui le nourrit une ligne directrice qui lui évite de se perdre dans les chemins que l'autre lui trace.*

Le récit, dont le contenu se voit traditionnellement décrit comme une série de tentations, est plutôt le test d'une vie. Comme en témoignent Marc (1,13) et Matthieu (4,10), il met d'ordinaire en scène Jésus, l'examiné, dont il considère l'ensemble de la trajectoire et non seulement les débuts, et le Satan, sorte d'agent de renseignements chargé par Dieu d'évaluer les humains et de lui faire rapport (voir Jb 1–2). Ici, Luc lui donne le nom de Diabolos, ou Procureur de la couronne. Le personnage est ainsi considéré du côté de la poursuite, parce qu'il n'a jamais eu l'occasion de donner un avis favorable à son Supérieur, les humains ne se conduisant jamais selon les attentes que ce dernier avait mises en eux. Par conséquent, le Procureur ne vise pas, dans le récit, à faire « pécher » Jésus, mais à découvrir quel genre d'homme il est, quelles sont les valeurs qui le guident, les choix qui le caractérisent. Il est donc intéressant, pour nous – car c'est pour nous que le récit est rédigé –, de voir sur quels points porte son investigation.

Le premier concerne « le pain ». L'Examinateur se montre des plus raisonnables. Une bonne chose que le pain. Quoi de mieux pour un homme que de donner le pain à ceux qui en manquent? Et le summum du bien est évidemment de le faire par un prodige, ce qui démontre qu'on est vraiment un homme de Dieu, candidat au prix Nobel de la paix! Allez! faut faire servir ses dons, les mettre au service des gens!

Où est le test ? est-on en droit de se demander, surtout que les évangiles rapportent deux multiplications de pains par Jésus. Pour comprendre sa réponse à l'Examinateur, c'est l'engagement global du Nazaréen qu'il faut regarder. Il a donné le pain pour signifier le renversement de la situation que provoquera le Règne de Dieu : autre gouvernement — celui des Douze, qui remplacera le pouvoir de l'occupant romain et des grands prêtres à son service —, fin du pillage des ressources et nourriture en abondance pour tous. Jésus n'était pas homme à se contenter de distribuer le pain pour calmer momentanément la faim, tout en laissant le système continuer impunément à opprimer les gens. Les instances dirigeantes ont fort bien compris le message. L'Examinateur aussi. Pas de prix Nobel pour Jésus !

Deuxième ligne d'interrogation. Le Procureur avait pris bonne note que Jésus était un homme engagé. Il chercha donc à l'enfoncer sur le point faible de tout être humain longuement confronté à la misère des uns et la dureté des autres, soit l'usure, la fatigue, le découragement. Pense donc à toi ! On n'a qu'une existence à vivre, tu en as déjà beaucoup fait, ne passe pas à côté du bonheur en rêvant d'illusions, regarde tout ce que le monde peut t'offrir, j'en ai vu plus d'un finir désabusé, fais-moi confiance, ne te perds pas sans raison.

Il força donc le Nazaréen à descendre au fond de lui y rencontrer cet Autre digne qu'on lui rende le culte de sa vie. Il y découvrit que cet Autre n'était pas plus raisonnable que lui.

Troisième essai, sur la plus haute tour du temple, au cœur du système politique, économique, intellectuel, religieux, là où les intérêts de l'Empire s'imposaient aux autorités locales, en cet endroit unique sur terre qui contenait la résidence du Dieu vivant, dont les volontés étaient relayées par les officiels, prêtres et scribes. Laisse-toi aller, c'est dangereux de penser avoir raison contre tout le monde, fais confiance à ceux que Dieu lui-même a choisis pour guider son peuple, il ne peut rien t'arriver de mal si tu lâches prise et si tu suis ceux qui ont de l'expérience, au fond tout est affaire de foi, abandonne-toi à Dieu qui ne laisse jamais tomber les siens.

Mais, pour Jésus, c'était insulter Dieu que de le lier à l'image que donnaient de lui l'Empire, le gouvernement, l'institution religieuse, la théologie officielle. Il n'aurait pas pu être fidèle à lui-même et se laisser doucement aller dans le système. Dieu n'était pas dans le temple.

Le Procureur avait fait le tour de la question. Il pouvait porter son jugement sur cette vie et aller faire son rapport. Le récit n'en donne pas le contenu, mais la suite des événements permet d'en saisir la teneur. *Voici l'homme*, avait dit Pilate (Jn 19,5). Comme il est de coutume dans le cas des adversaires de Jésus dans Jean, il ne savait pas ce qu'il disait. Aux yeux de Dieu, pourtant, Jésus avait passé le test. Enfin, un homme! Aussi la mort ne pouvait être le dernier mot de sa vie.

Le test est de toujours. Et de tous les tests qui existent, c'est le plus important. Le Jésus du récit, c'est moi. Le Procureur, c'est moi. Les réponses se trouvent dans ma vie. Et il me revient de me donner ma propre note, si j'ai le courage de passer le test.

5. Annoncer la bonne nouvelle n'est pas parler de Dieu.
Mc 1,14-15

> *En Galilée, Jésus annonce une nouvelle dont seul Dieu peut être l'auteur.*
>
> *Le système a fait son temps. Une tout autre façon de vivre s'approche — le Règne de Dieu. Préparez-vous dès maintenant en vous réorientant radicalement.*

Je me sens un peu las en écrivant ces lignes. J'ai à expliquer quelque chose de très simple, que je ne crois pas encore avoir réussi, en trente-cinq ans d'enseignement et d'écriture, à faire comprendre. Mais j'essaie encore. Ce que je tiens à dire est pourtant simple et tient essentiellement à ceci : le contenu de l'expression « Règne de Dieu » n'a (presque) rien à voir avec Dieu ou Jésus ou l'évangile, et tout avec les humains.

Un peu d'histoire et de géographie, tout est là. Après la mort de Jean, nous dit Marc, Jésus vint *en Galilée*. Quelques petits mots qui n'ont l'air de rien, sur lesquels on passe d'ordinaire rapidement. Jésus décide de travailler en Galilée, son pays. Région considérée comme reculée par les gens de Jérusalem et de Judée. Région rebelle. Les Galiléens, depuis les temps lointains de David et de Salomon, n'ont jamais accepté d'être gouvernés de l'extérieur. Quand ils ont bien voulu d'un roi, c'était quelqu'un sorti de leurs rangs. Et pas de longues dynasties. Ils étaient portés sur les coups d'État. Ce qui était normal pour eux, c'était la vie sur leur terre ou sur leur lac. Un gouvernement local, dans leurs petits villages. Ils ont passé des siècles sans gouvernement central reconnu par eux, sans temple, sans élites. Ils vivaient libres, égaux, sur le même pied. Et voilà qu'en quelques décennies, ils se retrouvent avec trois paliers de gouvernement et de taxation : celui des Romains, celui des Hérodiens et celui des grands prêtres. Ils sont étouffés, écrasés, réduits en esclavage.

Comment espérer s'en sortir, compte tenu de la puissance de l'Empire et des élites judéennes à son service ?

L'homme de Nazareth est l'un d'eux. Et ce n'est pas un hasard si, après sa rencontre avec Jean le Baptiseur, il revient dans sa Galilée natale. La bonne nouvelle qui le soulève est pour les siens. Pas pour les Romains, qui ont effectué de terribles massacres à Nazareth et autour, alors qu'il n'avait pas encore cinq ans. (Il n'a jamais oublié et n'est jamais entré dans une de ces villes qu'ils avaient fortifiées en Galilée pour consolider leur pouvoir.) Pas pour les Judéens avec leur temple orgueilleux, qui allait bientôt être détruit. Pas pour les Hérodiens retors et assoiffés d'argent. Pour les siens. Son petit peuple exploité. Pour eux l'espérance. Pour eux la fin des taxes insensées (« remets-nous nos dettes comme nous remettons à nos débiteurs »), pour eux la liberté (« j'étais en prison et vous m'avez visité »), pour eux la dignité humaine (« un ami des publicains et des pécheurs »), pour eux les soins (« je ne suis pas venu pour les gens en santé »). Les Romains-Hérodiens-grands prêtres ne conserveront pas toujours le pouvoir. Leur règne, comme les gestes de Jésus l'annoncent, est sur le point de tomber et d'être remplacé par le Règne de Dieu. Et ce Règne est tout proche. Ayez confiance dans cette bonne nouvelle. Jésus, on le voit, ne parle pas d'abord de Dieu. Il pose des gestes qui font naître l'espérance. S'il parle de Dieu et quand il le fait (plus rarement qu'on pense), c'est pour nommer Celui qui le dynamise de l'intérieur et désigner Celui dont l'action se situera dans le prolongement de ses humbles gestes d'homme.

Annoncer la bonne nouvelle, encore aujourd'hui, ce n'est pas d'abord parler de Dieu ou de Jésus, ou raconter des paraboles et autres textes évangéliques. Ce n'est pas discourir sur le religieux. C'est être aux côtés des personnes âgées, des assistés sociaux, des jeunes et des chômeurs à qui on fait porter le poids des déficits gouvernementaux. C'est poser des gestes qui feront naître l'espérance que l'Empire de la mondialisation, de la compétitivité, de la globalisation et d'autres monstres responsables de la misère des pauvres ne durera qu'un temps et que sa chute est proche. C'est cela la bonne nouvelle à annoncer. Et je n'ai pas à discourir sur Dieu pour le faire. Dieu, c'est mon secret, dont je n'ai à parler qu'avec crainte et tremblement. C'est Celui qui espère cette bonne nouvelle avec moi et me demande de la partager avec les pauvres. Au grand scandale des grands, qui voudraient bien que je me contente de parler de Dieu en leur laissant la conduite du monde.

Ai-je raison de me sentir moins las ?

6. Deux gros problèmes : Dieu et l'histoire.
Lc 4,16-30

> — *La bonne nouvelle est pour les pauvres, leur disait-il.*
> — *C'est ça ! Pour nous, jamais de bonne nouvelle.*
> — *La misère des autres ne vous préoccupe donc pas ? Avez-vous oublié Élie et Élisée ?*

Vivre l'évangile, comme toute chose, ça s'apprend. Ce n'est pas inné. Ça ne vient pas du premier coup. Et ce n'est jamais acquis une fois pour toutes. Le besoin de recyclage est continu. Pourquoi ? Parce que ça se vit dans l'histoire et que, par définition, l'histoire étant toujours nouvelle, rien n'est jamais parfaitement pareil. Il y a aussi que chaque génération a l'impression d'être le summum de la condition humaine. Chacune est convaincue de dépasser les précédentes de plusieurs coudées : « Jamais la technique n'a-t-elle été aussi avancée » ; « Mon Dieu ! que nos prédécesseurs étaient arriérés ! » ; « Tout va bien plus vite maintenant qu'avant. » Des ados qui tombent en amour sont convaincus que jamais les humains d'avant eux (surtout pas leurs parents !) n'ont su ce que c'était qu'aimer ; aussi eux s'aimeront-ils toujours... Avec une mentalité pareille, comment voir les ressemblances entre vivre l'évangile aujourd'hui et jadis ? Comment se reconnaître, à travers les générations, dans une histoire en mouvement ?

Le problème est permanent. Relisez la fin du premier et le début du second Livre des rois auxquels le texte de Luc fait allusion. Le prophète Élie – dans une profonde dépression, parce que la police du temps court après lui pour le tuer et qu'il est convaincu d'être seul au monde dans la foi (1 R 19,10) – fait un long voyage pour se rendre sur la montagne de Moïse. Le grand incompris, unique adorateur du vrai Dieu – à ses propres yeux –, s'en va à la montagne où Moïse était seul monté en quête du Dieu vivant. Mais il est fort surpris de ce qu'il entend. Certes, comme Moïse, il va rencontrer

Dieu. Mais de tout autre manière, dans le silence plutôt que dans le tintamarre. Lui qui se pensait seul croyant de son espèce se fait dire qu'ils sont sept mille dans le peuple (sans compter femmes et enfants) à avoir la foi: sept, chiffre parfait, multiplié par mille, multitude innombrable (1 R 19,18). Et, ô surprise, non seulement dans le peuple mais aussi hors du peuple. Chez les païens. Et c'est là, auprès de la veuve de Sarepta et de Naaman le lépreux syrien, beaucoup plus qu'à la montagne de Moïse, qu'Élie fera sa vraie expérience de Dieu. Qu'avant Jésus il vivra l'évangile.

Au temps de Jésus, on connaissait bien l'histoire d'Élie. En Galilée, bien sûr, et à Nazareth, en particulier, où on n'a qu'à lever les yeux pour voir, à travers la plaine, la chaîne du mont Carmel où Élie avait tant peiné. On savait les traditions par cœur. Mais on avait bien du mal à faire le lien entre aujourd'hui et hier. Pourquoi les pauvres? Pourquoi s'occuper des pauvres et des malades d'ailleurs? Pourquoi, surtout, les païens? Il n'y a pas assez à faire dans le peuple de Dieu? Et on voulait tuer Jésus, comme on avait voulu le faire pour Élie. Mais sans voir qu'hier, à sa façon, se répétait.

C'est pourquoi il nous faut prier et fréquenter l'Écriture. Pour nous reconnaître dans les réactions de ceux et celles qui nous ont précédés, à travers la différence des situations. Et pour vérifier si nous sommes bien de Dieu. Relisez le texte de Luc 4,16-30. Il est plein de Dieu, sans qu'on dise un seul mot à son sujet. Quel est le problème? Jésus travaille ailleurs et il sort des limites du peuple élu. Réaction de ses compatriotes: ça veut donc dire que nous ne sommes pas le peuple de Dieu. Toujours cette manie de vouloir accaparer Dieu. « Le salut ne passe que par Jésus Christ. » « Le salut n'est que pour le peuple de la Loi. » « Le salut n'existe que pour les adorateurs d'Allah. » Nous sommes les seuls à être corrects.

Mais l'évangile — qui, soit dit en passant, n'est pas l'expression d'une religion mais d'une foi capable d'être vécue dans toutes les religions, même catholique, juive ou musulmane – renvoie toujours à un Dieu qui est ailleurs. Qui ne se laisse trouver qu'en appelant toujours à le chercher. Capable de se révéler quand on ne parle jamais de lui. Qui se pointe là où on ne penserait jamais le trouver. Dans le pauvre qui n'a pas sa place dans la société. Dans le déprimé qui ne se donne pas sa place dans la société. Dans l'athée qui n'a pas sa place dans l'Église. Dans l'autre religion. Même en moi qui ne sais pas comment le prier.

7. Entre foi et doute. Histoire de pêche.
Lc 5,1-11

> *Simon a passé la nuit à pêcher, sans rien prendre. La Voix l'invite à réessayer, au large. Survient alors la prise d'une vie. Simon en tremble des pieds à la tête. Pourquoi tant d'abondance pour un pauvre homme? Voilà ce qui en attira bien d'autres par après.*

Luc a placé au début de son évangile un récit qui, dans l'évangile de Jean, se retrouve à la fin (ch. 21). La scène se passe en Galilée, sur le lac, après une nuit de pêche. Et elle rapporte l'apparition de Jésus à Simon (surtout). Cette apparition est très importante, car on a beaucoup de raisons de penser qu'il s'agit de la toute première. Bien qu'il ait dû en déplacer la narration avant la mort-résurrection de Jésus — parce qu'il lui fallait terminer son évangile à Jérusalem pour faire repartir le christianisme de là dans les Actes —, Luc voit quand même, dans l'expérience de rencontre avec le seigneur que Simon a faite, la première de toutes. En effet, reprenant une très vieille tradition, il met ces paroles dans la bouche des Onze qui voient arriver les disciples d'Emmaüs:

> *Vraiment le seigneur est réveillé et [...] il a été vu par Simon* (24,34).

Paul était du même avis, lui qui, trente ans plus tôt, avait rapporté une liste d'apparitions qui commençait ainsi:

> *Il est éveillé [...] il s'est montré à Céphas puis aux Douze* (1 Co 15,4-5).

Et Matthieu, qui place l'épisode sur la terre ferme dans les environs de Césarée de Philippe, y voit quant à lui l'événement fondateur de l'Église. Aussi, après avoir fait proclamer par Pierre la confession de foi fondamentale: « Tu es le christ, fils du

Dieu vivant », met-il dans la bouche de Jésus cette parole dans laquelle le sens de la rencontre est clairement énoncé :

Tu es Pierre et sur cette pierre je vais établir mon Assemblée (16,18).

Avec l'apparition à Simon, la foi chrétienne fait son entrée dans l'humanité. L'Église est en marche.

Plusieurs choses sont remarquables dans la scène commune à Luc et Jean. D'abord, Jésus y reçoit le titre de *seigneur*, désignation qui lui a été accordée après sa mort :

Dieu l'a fait seigneur et christ, ce Jésus que vous, vous aviez crucifié (Ac 2,36).

Ensuite, les deux évangélistes, chacun à leur façon, expriment l'élément « pardon » que la rencontre devait nécessairement contenir, après la trahison de Simon aux dernières heures de Jésus. En Luc, le premier disciple de Jésus s'exclame donc :

Fuis-moi, seigneur, car je suis un hors-la-Loi ! (5,8),

tandis qu'en Jean il doit réparer son reniement en déclarant par trois fois son amour à Jésus. Et, enfin, alors qu'en Jean le récit décrit la première eucharistie de l'histoire, c'est-à-dire le premier repas du ressuscité avec ses disciples, en Luc, c'est l'aspect d'ouverture à l'humanité qui est souligné.

La référence postpascale de la scène est chose pour ainsi dire assurée. Inévitablement, il se trouve donc beaucoup de foi chrétienne dans cette tradition d'apparition à Simon sur le lac de Galilée, mais il y a beaucoup d'histoire aussi. Tout cela s'est passé au moins deux bonnes semaines après la mort de Jésus, le temps de fuir Jérusalem sous le coup de la panique, de marcher pendant cinq ou six jours, de retrouver sa famille, reprendre son métier, radouber son bateau et réparer les filets, tout en cherchant à oublier...

Mais un jour l'événement se produisit. Imprévisible, en un clin d'œil, exigeant qu'on fasse confiance. Une rencontre d'être à être, surgie des profondeurs insondables de soi, d'une intensité telle qu'elle bouleverse toute la personne. Elle va réveiller les souvenirs enfouis, donner vie aux images des partages de trois ans, le ramener, *lui*, devant la conscience et créer une conviction indéracinable : je l'ai vu, il est vivant. Puis elle va réorienter l'existence : il me faut vivre autrement, aller retrouver les autres, partager le sens de tout : cela je l'ai entendu.

Ensuite, c'est le retour, brutal, dans le quotidien. Était-ce bien lui ? Ai-je bien vu ? bien entendu ? La foi chrétienne venait d'arriver sur terre, sur le fond de scène du doute, son nécessaire terreau. Certains, aux origines, ont cru après avoir vu (Jn 20,29). Mais qu'ils l'aient vu seul, comme Simon, Jacques et Paul, ou en groupe, comme les Douze, les cinq cents ou les missionnaires (1 Co 15,3-8), leur expérience ne les dispensait pas de devoir faire confiance. Matthieu le dit bien qui, parlant de l'apparition aux disciples en Galilée, dit d'eux : « À sa vue, ils tombent à genoux, doutant malgré tout. » (28,17) Les autres, par la suite, sans voir cependant, sont tous confrontés à la nécessité de faire confiance (Jn 20,29). Il n'y a jamais eu d'âge d'or de la foi, où cette dernière n'aurait été que certitude. C'est seulement là où il y a mille raisons de douter que l'appel à la confiance trouve bon de se faire entendre.

Aurait-on pu trouver meilleur contexte pour le dire qu'une histoire de pêche ?

IV. Paroles

1. On parle trop de Dieu.
Mt 5,13-16

> *Donnez du goût au monde, comme le sel à la soupe.*
> *Donnez de l'éclat au monde, comme la lumière dans une pièce.*
> > *Tant mieux si votre agir donne aux autres le goût de croire en Dieu.*
> > *Mais cela ne vous regarde pas.*

Les chrétiens parlent trop de Dieu. Ce n'est pas moi qui le dis, c'est l'évangile.

> *Ainsi, que brille votre lumière devant les humains,*
> *afin qu'ils voient vos belles œuvres*
> *et donnent de l'éclat à votre Père, celui dans les cieux* (Mt 5,16).

On parle trop ou on veut trop parler de Dieu. Ou on s'en veut parce qu'on n'en parle pas assez. Ou on n'arrête pas de se faire dire qu'il faut évangéliser, c'est-à-dire proclamer l'évangile ou Jésus Christ, ou qu'il faut raconter des paraboles. Ou on se sent bien petit de n'avoir pas le courage de ceux qui restent plantés à offrir leur littérature religieuse, ou à faire du porte-à-porte pour faire des adeptes, ou à radoter des « Alléluia, Jésus sauve », ou à porter je ne sais quel costume distinctif. On parle trop de Dieu.

Jésus a peu, très peu, parlé de Dieu. Il avait trop les intérêts de Dieu à cœur pour parler constamment de Lui. Parce que l'intérêt du Dieu de Jésus, et donc de toute la Bible (je m'excuse d'en tant parler…), ne porte pas sur Lui-même mais sur sa création et les humains qui y pensent et aiment. Lisez la Bible pour une fois. Ou lisez-la comme pour la première fois. Lisez-la telle qu'elle est. Vous n'en reviendrez pas ! En tout cas, vous n'en reviendrez pas comme vous y êtes entrés.

Si vous lisez la Bible, je dis bien la Bible et non pas ce qu'on y projette et donc ce qui ne s'y trouve pas, vous allez voir que

Dieu y est fort peu religieux. Tandis que les humains, eux, le sont. Bien plus que Dieu. Les humains cherchent à aimer Dieu, à rencontrer Dieu, à voir Dieu, à découvrir Dieu, à loger Dieu, à sacrifier pour Dieu, à se sacrifier pour Dieu, à guerroyer pour Dieu, à convertir les autres à Dieu, à obéir à Dieu. C'est si simple.

Tellement plus simple que d'écouter Celui qu'ils disent vouloir tant servir. « Écoute, ô mon peuple, je t'ai fait sortir d'Égypte, c'est tout ce qu'il te faut savoir. Ne m'imagine donc pas autrement. Aussi, n'écrase pas tes ouvriers ni tes bêtes de travail, prends soin de tes parents, respecte les biens des autres et que ta vie soit vraie. » (Ex 20) L'évangile résume l'ensemble en disant que l'amour pour Dieu se manifeste par l'amour pour ses sœurs et frères humains, et qu'un tel amour n'est possible que si on s'aime d'abord soi-même. Mais voilà, tout cela est bien compliqué, se disent les humains, qui ont tôt fait de se mettre à parler de Dieu à la place. Mais Jésus revient à la charge :

Ainsi, que brille votre lumière devant les humains,
afin qu'ils voient vos belles œuvres
et donnent de l'éclat à votre Père, celui dans les cieux (Mt 5,16).

Il ne nous demande pas de parler de Dieu. Il ne traite pas de l'invention d'une religion. Mais parce qu'il a Dieu au cœur et donc qu'il interprète tout le réel comme Lui, il invite à faire briller la lumière dans le monde humain. Lumière du pain partagé. Lumière de la santé retrouvée. Lumière de la dignité humaine reconnue. Lumière de l'économie détrônée. Lumière d'un bonheur humain calmement vécu.

Voilà, pour lui, la seule façon de bien parler de Dieu. Vous savez pourquoi ? Parce que les humains sont gens intelligents. Ils savent reconnaître d'instinct les paroles insensées sur Dieu, et ont alors le réflexe instinctif de se réfugier sagement dans l'athéisme. Mais ils savent aussi, étant témoins des belles œuvres des croyants, donner de l'éclat à Dieu. Parce que voir agir des croyants pleins d'intelligence et de compassion, ça peut réveiller comme un goût de croire en Lui.

Mais un tel réveil n'arrive pas à n'importe quelle condition. Il arrivera surtout si on ne l'attend pas. Il nécessite beaucoup de discrétion, une grande sécurité intérieure, un engagement prolongé et un détachement presque absolu quant à une ouverture possible de l'autre sur Dieu. Il exige aussi qu'on considère que l'essentiel n'est pas là, puisque l'important est que la lumière brille.

Une Église qui parle trop de Dieu se reconnaît au nombre d'athées qu'elle crée autour d'elle.

2. Ennemis recherchés.
Mt 5,38-48

> *Vous aurez nécessairement des ennemis.*
> *Ceux-là, aimez-les.*
> *Et vous ressemblerez à votre Père de là-haut*
> *qui vous aime tous.*

Selon l'évangile, cela va de soi, toute communauté chrétienne qui se respecte a des ennemis qui la persécutent. C'est comme une loi, une nécessité. Pourquoi ? Parce que les disciples ne sont pas plus grands que le maître. Car s'ils sont disciples, c'est qu'ils continuent Jésus. C'est-à-dire qu'ils inscrivent dans leur société leur passion pour la liberté et leur solidarité avec les pauvres. Et s'ils continuent Jésus, ils subiront nécessairement le même sort, puisqu'ils ne sont pas plus grands que le maître. Cela signifie qu'ils auront à porter la croix que leur auront préparée leurs ennemis. Voilà donc comment, selon l'évangile, cela va de soi que toute communauté chrétienne qui se respecte ait des ennemis et des persécuteurs.

Si un texte comme celui sur l'ennemi peut nous dérouter, c'est que la situation sur laquelle il se fonde nous est étrangère. Il parle d'une communauté qui agit de concert dans une société, et porte les conséquences de ses gestes. De notre côté, nous avons privatisé la foi, l'avons reléguée dans le domaine des relations entre l'être humain et son Dieu. Nous avons aussi dépolitisé la foi, l'avons cantonnée dans la sphère de la charité qui soulage la misère. Remarquez bien que c'est commode. Nous pouvons croire ce que nous voulons, les autres également, tout reste dans le monde des idées personnelles et nous avons la paix. Par ailleurs, comme la misère est un puits sans fond, nous pouvons y déverser tous les trésors de notre charité sans éveiller aucune susceptibilité. Et nous continuons à avoir la paix. Les gouvernants gouvernent, toujours au profit des riches qui s'enrichissent. Ils coupent les fonds des pauvres, toujours au profit des riches qui s'enrichissent. Tandis que la communauté chrétienne s'occupe des pauvres toujours plus pauvres, sans jamais remettre en question l'existence de la manufacture de pauvreté aux mains des riches qui s'enrichissent. Et voilà pourquoi nous n'avons pas d'ennemis qui nous persécutent.

Or, sans ennemis, il est bien difficile d'écouter l'évangile qui nous demande d'aimer nos ennemis et de prier pour nos persécuteurs. Aussi, grande est la tentation de chercher l'ennemi dans la direction de ceux avec qui nous avons des différends personnels. Mais, ce faisant, nous perdons de vue le profil de l'ennemi, car il ne faut pas être bien méchant pour être l'ennemi au sens de l'évangile. Il suffit d'abord d'aimer les systèmes plus que la liberté. Parce qu'ils sont confortables, rassurants, sécurisants. Il suffit ensuite de ne pas s'être entraîné à juger de la réalité à partir du point de vue des pauvres. De se demander même s'ils existent vraiment, s'ils ne sont pas un peu coupables de leur pauvreté. De trouver raisonnable que la société poursuive avec acharnement les petits fraudeurs de l'aide sociale, et soit si miséricordieuse pour les grands fraudeurs de l'impôt, ou si lente à faire payer ceux qui sont tellement habiles à trouver les moyens de s'en exempter. Ou encore, il suffit d'aider systématiquement et uniquement les organismes de charité, et de contribuer ainsi indirectement à la mort des organismes revendicateurs. D'ordinaire, il a l'air bon, l'ennemi.

Serait-ce moi, seigneur?

3. Comment l'évangile en arrive à rapetisser les experts.
Mt 11,25-30

> *Dieu — et c'est heureux — a caché la compréhension de l'évangile aux experts et aux technocrates. Et il l'a révélée aux petites gens.*
> *Vous êtes essoufflée ? Vous n'en pouvez plus ? Faites ce que je vous dis. Je me méfie des systèmes et partage le point de vue des petites gens. Venez vous reposer.*

Il n'est pas facile à quelqu'un de commenter un texte qui le condamne. Or, c'est bien ce que fait Matthieu 11,25. Il condamne l'interprète, il le range au rang des savants ou des grands esprits, des technocrates ou des experts, de ceux qui pensent ou organisent le monde à leur image. Ces gens-là ne comprennent pas ce que les tout-petits comprennent, à savoir le sens de la vie, la lecture de la réalité par en bas, au niveau du sol, l'espérance d'un monde organisé de tout autre façon qu'il l'est maintenant, une soif innée de justice, une perception instinctive de l'intelligence et de la bonté de Dieu.

Les petites gens montrent une sorte de parenté immédiate avec le Père de là-haut. Ils se reconnaissent en lui, ils le comprennent, le devinent, se l'approprient, le découvrent vivant pour eux. Je n'ai jamais eu de peine à parler du Règne de Dieu, de Jésus, de l'évangile au « monde ordinaire ». Ils ne sont pas scandalisés par lui. Ils voient bien la logique de sa préférence pour les pauvres, les petits, les pécheurs. Ils n'y voient pas d'injustice, ils n'opposent pas leur bon droit à un choix qui les laisserait de côté.

Mais les grands, Seigneur ! qu'ils ont peine à comprendre l'évangile ! Et, quand ils l'entendent, eux aussi, tout à coup, se disent pauvres, pauvres d'esprit, détachés, n'importe quoi pour être eux aussi l'objet de l'amour privilégié de Dieu. Ils n'existeraient pas s'ils n'étaient pas les premiers en tout. Il faut donc que l'évangile soit aussi pour eux, au moins autant que pour les autres. Ils sont malades, eux aussi, ont des tracas de famille, les enfants, vous savez, la drogue, etc., la vie n'est pas facile aujourd'hui. Et puis le Bon Dieu est bon, il aime également tous ses enfants, il ne fait pas de différence entre eux, il sait apprécier les misères de chacun. Et les curés de dire le contraire de l'évangile, parce que ce sont les riches qui font vivre leur paroisse. Et les dirigeants et technocrates de même, parce que les pauvres ne sont pas aptes à comprendre la complexité du monde moderne. Et les exégètes et théologiens aussi, parce que leur science, ils l'ont apprise de savants qui étaient à cent lieues de la misère du monde. Et les quelques penseurs d'Amérique latine qui ont essayé de redire ce que disait l'évangile ont vite été condamnés pour marxisme latent ou pour dévaluation du salut chrétien. De sorte que, et de façon paradoxale, elle est toujours vraie la parole d'évangile citée plus haut : les technocrates et experts ne comprennent rien tandis que les tout-petits saisissent à pleines mains la révélation de Dieu. Sauf que le prix terrible qu'ils ont à payer pour leur savoir, c'est la misère, quand ce n'est leur mise à l'écart par l'Église.

Où tout cela laisse-t-il le commentateur du début ? Condamné à l'ignorance en tant qu'expert, il prétend comprendre quelque chose bien que, sociologiquement, il ne fasse pas partie des tout-petits. Tout cela est bien compliqué, se dit-il. Aussi se réjouit-il de la parole de conclusion :

> *Ici, vers moi, tous les fatigués et éreintés, et moi, je vous reposerai. Emportez mon joug sur vous et apprenez de moi, parce que je suis indulgent et au bas de l'échelle par le cœur, et vous trouverez un repos pour vos vies* (11,28-30).

On jurerait, se dit-il, que ça a été écrit exprès pour moi. Il me semble que la vie m'a appris l'indulgence. À tant fréquenter de gens fatigués et éreintés, on dirait que tout cela a déteint sur moi. Et quelle bouffée de fraîcheur que ce « au bas de l'échelle par le cœur ». Il me semble — mais me fais-je illusion ? — qu'à vouloir comprendre les choses par en bas, je me suis fait rétrograder de quelques barreaux. Et que mon cœur (« là où est ton trésor, là est ton cœur »), penche vers en bas.

Mais les choses ne sont jamais simples. En effet, un petit coup d'œil sur l'évangile de Matthieu fait vite comprendre que la douceur et l'indulgence dont il parle sont trompeuses. Rien à voir avec un caractère mollasse et le laisser-aller du genre : fais ce que tu veux pourvu que tu ne me déranges pas. Être doux ou indulgent, c'est accepter d'alléger tout ce poids que font peser sur les petits les systèmes, les lois, les religions. Ils ont la vie assez difficile comme cela, se dit l'évangile, faisons ce que nous pouvons pour leur faciliter la vie. Et c'est reparti. Voilà que le grand monde se remet à japper ! Les systèmes, ce sont eux qui les ont montés, gare à qui ne les prend pas au sérieux. Mais tout cela a du bon, finalement. Ça permet d'intuitionner le Père de là-haut, œuvrant pour que les tout-petits contribuent à rapetisser le soi-disant expert, dans l'espoir qu'il comprenne enfin quelque chose.

Peut-être, qui sait ? pourra-t-il en éclairer d'autres...

4. Jusqu'à la démesure.
Lc 6,27-39

> *Vous m'écoutez ? Aimez vos ennemis.*
> *Ne désespérez jamais d'aucun être humain. Allez au-delà du raisonnable.*
> *Ne jugez personne. Soyez d'une bonté démesurée.*
> *Ce sera votre grandeur. Vous en prendrez un jour conscience.*

Alors que Matthieu situe la scène sur une montagne, Luc la place en terrain « planche », à hauteur voulue pour des gens atteints dans leur santé, frappés par les misères de la vie, situés au bas de l'échelle (6,17-18). Il vise la masse, le bas peuple, le pauvre monde, les gens ordinaires, la foule. Ceux dont personne ne s'occupe parce que ce n'est pas rentable, parce qu'ils sont trop défaits, parce qu'ils ne sont pas dans le courant de ce qui est bien. Des gens dont on ne penserait pas que devenir plus humain pourrait les intéresser. Pas un club spirituel d'élite. Pas un petit reste de vrais croyants. Pas de ceux-là qui pensent qu'ils sont plus que les autres parce qu'eux, ils ont la *fffoi* (ce petit quelque chose qui, s'imaginent-ils, les rend supérieurs), parce qu'ils savent dire Jésus Christ, eux, ou qu'elles ont Dieu à la bouche, elles. Non, l'évangile appartient à de simples hommes et femmes à la recherche du bonheur bien qu'ils n'aient rien. Pourquoi à de telles gens ? Parce que ce sont ceux-là qui *écoutent* (v. 27).

Et à ceux-là, l'évangile a plein de choses à dire sur la vie. Pas sur la religion, sur la vie. L'évangile est question de vie, qui vise la foule, la multitude des humains, gens, dirait-on aujourd'hui, de toutes races, cultures ou religions. Qu'un groupe (les chrétiens) en ait fait sa spécialité, ne change rien à l'affaire. L'évangile ne leur appartient pas. Il appartient à tout le monde, parce qu'il est chemin de sagesse et de bonheur. À une exception près, cependant : il n'est pas pour les riches, qui, eux, ont fait des choix de vie les rendant imperméables à l'évangile (vv. 24-26). Tous les autres peuvent s'y retrouver, et devenir meilleurs humains, à l'intérieur de leur culture, compte tenu de leurs traditions, dans la fidélité à leur religion.

Et que dit donc cette sagesse millénaire, proclamée par un homme de Dieu ? Ne désespérez jamais d'un être humain, conseille-t-elle. Ne laissez jamais la violence des autres vous ronger de l'intérieur en vous rendant semblables à eux. Surprenez-les, posez des gestes apparemment insensés, leur rendant ainsi possible de redécouvrir leur propre humanité et donc de retrouver le respect d'eux-mêmes. Ne vous imaginez jamais que vous êtes arrivés au bout de vous-mêmes : vous n'aurez jamais assez aimé, assez prié, assez donné. Vous aimez les vôtres ? c'est bien, mais que faites-vous de tous les autres ? Oh ! allait-on oublier, quand vous aurez suivi tous ces conseils, n'allez rien attendre en retour, car vous auriez alors tout perdu. En effet, si vous attendez qu'on vous aime, qu'on vous fasse du bien ou qu'on vous prête en retour, c'est que vous agissez pour vous-mêmes. Votre but, c'est qu'on vous aime, qu'on aime votre Dieu, qu'on partage vos valeurs, qu'on vive de votre *fffoi*, qu'on encourage votre culture, qu'on fasse partie de votre groupe, qu'on continue vos engagements, qu'on se nourrisse de vos prières, qu'on nomme votre Jésus, qu'on admire votre religion, en somme, qu'on s'humilie en vous donnant raison. Vous aurez ainsi manifesté que l'autre n'était rien à vos yeux, que vous l'avez fréquenté par intérêt et que vous n'aimiez que vous à travers lui. Mais si vous faites tout sans rien attendre en retour, sans vous en rendre compte, vous aurez trouvé votre récompense. En effet, vous serez devenu grand, aussi grand que le Très-Haut, lequel est bon pour qui ne lui manifeste aucune gratitude. Vous ne serez donc pas aigri parce qu'il ne punit pas les méchants et ne se démarque pas de tous ceux qui ne partagent pas vos valeurs.

Et vous n'attendrez aucune faveur spéciale de sa part, ni que vos bonnes œuvres soient récompensées, puisque votre salaire sera la conscience de l'être humain que vous serez devenu, soit une authentique fille, un authentique fils de Dieu. Vous vous serez reconnu en lui et lui en vous.

Et vous vous réjouirez de la masse innombrable des sœurs et frères qui vous auront été donnés. Auparavant, vous pensiez que seuls les membres de votre club étaient vos vrais frères et sœurs. Mais vous en aurez découvert la multitude immense : frères agnostiques, sœurs athées, hommes et femmes de foi, humains de toutes races, cultures ou religions, amis ou ennemis, bons ou méchants, reconnaissants ou ingrats. Toutes, tous, immensément aimés. Et vous aurez compris, dans votre chair, quelque chose de la réalité de Dieu, même si vous n'avez peut-être jamais osé parler de lui, même pas à vous-même. Et vous n'aurez plus à craindre la mesure dont on se servira pour mesurer l'être humain que vous êtes. Vous, et la foule de tous les autres, serez devenus plus grands qu'elle, à mesure de Dieu.

5. Le possible.
Lc 10,25-37

> — Que faire pour avoir une vie bien orientée ?
> — Qu'en penses-tu ?
> — Il faut aimer Dieu, aimer la personne proche et s'aimer soi-même.
> — Si tu sais la réponse, pourquoi m'interroger ?
> — Aimer Dieu, ça va. M'aimer moi-même aussi. Mais mon proche, c'est qui ?
> — Te fais-tu proche des autres ou les tiens-tu loin de toi ?
> Écoute ça : Un jour, un voyageur a été attaqué par des brigands, un prêtre passait par là...

Dans ce qu'il est convenu d'appeler la « Parabole du bon Samaritain », Luc ne fait pas que raconter une belle histoire. Il lui donne un contexte qui ne manque pas d'être marqué par les duretés de la vie. Jésus est un homme du Nord, un homme du peuple sans instruction, sans personne pour garantir l'autorité de ses prises de position. Il est interrogé par un homme de loi, un homme du Sud, de Judée, de Jérusalem, la capitale. Il a étudié, lui. Il sait les réponses à ses questions. Il a pour tâche d'éduquer ces frustes Galiléens dont les coutumes diffèrent des siennes, qui prétendent bien connaître Moïse et son Enseignement, qui résistent à se faire imposer les façons de faire du Sud, qui ont même leurs réserves vis-à-vis du temple. Et qui ont tendance à porter aux nues des gens qui n'ont jamais étudié. Comme ce Nazaréen en face de lui. À qui il va faire la leçon pour qu'il rentre dans le rang, lui et ceux qui le suivent, pour la plus grande gloire de Dieu, le triomphe de la Loi et la mise au pas de la rebelle province du Nord. Il est toute douceur : comment réussit-on sa vie ?

Dans sa réponse, Jésus se révèle ratoureux. D'abord, il se place sur le terrain de son adversaire : en Judée, dans la descente qui va de Jérusalem à Jéricho. Un homme à l'aise s'y fait dévaliser. Rien d'anodin là-dedans : s'il y a tellement de brigands dans le pays, c'est que les classes dirigeantes (dont fait partie cet avocat) cautionnent les politiques romaines de taxation qui étranglent les gens, et que même elles en rajoutent. Elles sont victimes de leur propre insensibilité vis-à-vis de la misère de leur peuple. Première réplique, donc, indirectement mordante : si le pays était gouverné correctement, il n'y aurait pas toute cette violence.

Puis Jésus met explicitement en scène des représentants du système : des officiels du temple. Le temple, c'est le cœur de la vie du peuple : centre politique, centre social, centre financier, centre religieux. Mais ce cœur s'est coupé de la vie du peuple, craint ses représailles, et n'est même pas solidaire de ceux qui travaillent pour lui. Cet homme à moitié mort, c'est un des leurs. Mais comme ils n'ont pas de compassion pour les petites gens, comment pourraient-ils en avoir les uns pour les autres ? Cet exégète des Écritures, qui cherchait l'héritage de la vie éternelle, est en train de se faire dire, indirectement toujours, que lui et les siens sont en train de détruire leur propre vie de maintenant. La compassion leur fait défaut.

Et Jésus termine en mettant en scène l'autre par excellence, le Samaritain. En Judée, on méprisait les païens, mais on haïssait les Samaritains. La différence de celui qui est proche provoque souvent intolérance sinon violence. Et ici plus de détours, Jésus va directement au but. La question sur l'identité du voisin était mal posée. On peut passer beaucoup de temps à se demander qui est mon prochain, mon voisin, celui que je dois aimer. La parabole fait porter le regard ailleurs : quelle sorte de voisin es-tu ? Comment te comportes-tu envers les autres ? Seul le légiste est apte à répondre à sa question, en décidant de sa façon de vivre.

Ce morceau d'évangile est inquiétant. D'une inquiétude qu'il est bon de ne pas taire. Je me souviens d'une scène que je n'oublierai jamais. C'était dans la station de métro Snowdon. Une femme très bien mise était assise par terre, adossée à la base du tapis roulant. Entre ses jambes gisait un itinérant, plus ou moins conscient, dont elle caressait tendrement la tête en attendant les ambulanciers. Un coup au cœur. Une page d'évangile était rééditée. Joie. Mais aussi tristesse : jamais je ne pourrais, n'oserais faire chose pareille. Ce geste était révélateur de l'intériorité de cette femme qui agissait en voisine ou prochain de cet homme, et d'une faille importante dans la mienne. Faille qui s'éprouve jour après jour : la misère se fait voir quotidiennement dans nos grandes villes et nous sommes plusieurs à passer sans vouloir nous y arrêter. Pressés, démoralisés de n'y pouvoir pas grand-chose, incertains sur ce qu'il faudrait faire, nous en remettant aux dons faits à des organismes de confiance, demandant humblement pardon, plus ou moins vaguement conscients de vivre une vie en partie décentrée par rapport aux valeurs de l'évangile, nous demandant s'il n'est pas trop tard, s'il sera un jour possible de faire autrement. Nous souvenir que l'évangile n'a pas été écrit pour nous dépeindre, tels que nous sommes, pauvres mortels. Mais d'abord pour nous sortir de notre inconscience, nous révéler à nous-mêmes et nous confronter humblement à la seule chose qui nous soit demandée : le possible.

6. Faut-il être nombreux ?
Mt 13,1-23

Le semeur sait bien que seule une partie de sa semence va donner du fruit.

Nous sommes habitués aux chiffres, aux statistiques, aux nombres faramineux. Les pauvres peuvent bien rêver d'être un jour millionnaires, les millionnaires, eux, travaillent pour le milliard : c'est à qui en aurait le plus. Ce qui vaut pour les dollars vaut aussi pour les humains. L'Inde aspire à dépasser la Chine, et pauvre petit Québec que ses hormones nationalistes ne permettent pas de faire grandir assez vite. Même les religions sont dans la course : en fonction de leurs sources, les dépêches mettent tantôt le christianisme en avant par rapport au milliard de membres, tantôt l'islam. Ou c'est le Père qui remporte la palme ou c'est Allah ; ou c'est Jésus le vrai prophète, ou c'est Mahomet. C'est le nombre qui décidera, et malheur au vaincu. Mon Dieu ! que tout cela est excitant !

De son vivant, Jésus était plutôt seul, dans l'Empire romain, à vivre de la subversion du Dieu d'Israël. On peut bien le voir entouré d'une vingtaine d'hommes et de femmes, ses partisans les plus proches, ça ne fait quand même pas une grosse foule. Et quelque soixante-dix ans après sa mort, malgré tout le travail entrepris par les premiers chrétiens, en dépit de tous les efforts des Paul et autres missionnaires, ce n'est pas encore la cohue aux portes de l'Église.

Des études récentes, qu'on n'est certes pas obligé de prendre comme parole d'évangile, ont cherché à mettre un chiffre (air du temps oblige) sur le nombre de chrétiens qu'aurait compté l'Empire à l'époque. Pour les besoins de la cause, c'est-à-dire pour faciliter le calcul, j'arrondis par le haut : si on estime le nombre des sujets de César à quelque soixante millions, celui des croyants et croyantes aurait été d'environ 10000. Là-dessus, osons une double hypothèse: d'abord, comme on se situe avant l'ère constantinienne, avant la pratique généralisée du baptême des enfants — laquelle permet à l'Église d'éviter de discerner à qui son seigneur donne la foi —, il n'est pas déraisonnable de supposer que ce dernier total ait correspondu au nombre de ceux et celles que le christ voulait voir vivre à sa suite. La seconde hypothèse prend la relève de la première: n'est-il pas légitime de supposer que la proportion de celles et ceux qui sont aujourd'hui destinés à la foi soit semblable à celle de jadis? Fixons d'autorité la population du globe, aujourd'hui, à six milliards, et celle du Québec à six millions: on se retrouverait donc avec un million de chrétiens sur la planète, et mille chez nous. Le but d'une telle opération statistique n'est évidemment pas d'espérer le rassemblement d'un petit nombre d'élus (dont l'auteur et le lecteur ou la lectrice feraient naturellement partie!), mais de contribuer à une lecture plus sereine des textes bibliques et du sort qui attend l'Église du Québec.

Le semeur de l'évangile ne sait pas d'avance ce qui arrivera à sa semence. Il sème sur tout son terrain, et il attend de voir ce qui en résultera. Et il se rend vite compte que seule une partie de sa terre produit le fruit qu'il escomptait. Beaucoup de gens, pour toutes sortes de raisons, ne sont pas intéressés par le chemin de vie tracé par le semeur. Ils ont d'autres cibles pour leur existence, poursuivent d'autres bonheurs, attendent d'autres joies. L'humanité marche sur toutes sortes de chemins, seuls ceux et celles « qui ont été mis dans le secret du Règne des cieux » sont susceptibles de répondre aux attentes du semeur.

Deux conditions sont donc nécessaires pour croître dans le terrain du semeur: avoir été mis dans le secret par lui et avoir décidé de répondre à ses attentes. Deux conditions qui limitent terriblement le nombre des croyants et croyantes. Ils sont le sel de la terre, dit-on d'eux ailleurs, la lumière du monde. Ce qui suppose un grand amour pour la terre ou le monde. Il est normal que cette humanité — ou ce *monde* dispersé sur la *terre* — soit extrêmement diversifiée, tant par sa composition que par ses intérêts, tant par ses cultures que par ses lieux de vie. S'il suffit d'un peu de sel pour que la soupe (en restreignant l'image) goûte bon, l'important n'est pas le sel mais la soupe à laquelle le sel donne goût.

L'Église s'est longtemps prise pour le semeur, s'est trop longtemps attribué la tâche de donner ou transmettre la foi. Elle a monté tout un système pour s'éviter de tenir compte des décisions de son seigneur. Elle s'est voulue grande, couvrant la terre, englobant l'humanité. Lui la désirait petite, parcourant la terre, donnant simplement le goût de vivre à ses frères et sœurs humains. Elle s'est voulue riche de milliards de fidèles, lui la désirait pauvre de quelques centaines de milliers. Elle s'est voulue présence de Dieu dans de superbes édifices, lui la désirait toujours en marche sur les routes du monde. Elle s'est structurée en pyramide immuable, lui ne cesse de la déconstruire. Combien de temps cela lui prendra-t-il pour défaire quinze siècles de travail ? Combien de temps encore décidera-t-il que nous sommes trop nombreux ?

Seigneur ! suis-je de trop ?

7. Notre récompense.
Lc 17,5-10

> — *Ajoute-nous de la foi.*
> — *Vous avez bien raison, vous n'en avez pas gros comme une poussière. Autrement, il n'y aurait rien à votre épreuve. On attend d'un employé qu'il fasse son travail. Des employés, voilà ce que vous êtes. Faites votre travail. Soyez-en fiers. Et n'espérez rien de plus.*

La demande des disciples était pourtant raisonnable et même, religieusement parlant, inattaquable : « Ajoute-nous de la foi. » Rien à redire là-dessus, c'est même très beau. Pourtant ils se font répondre, assez brusquement d'ailleurs, que de la foi, ils n'en ont même pas gros comme une poussière. Ne peut-on jamais être correct aux yeux de Jésus ? Et pourquoi prendre la peine de nous dire que, comme employés, nous ne servons à rien ? On est en droit de penser que Jésus n'avait pas le charisme d'un motivateur ! De quoi s'agit-il donc dans ces textes déroutants ?

Rembobinons le ruban de l'évangile d'une trentaine de versets. Il y est question d'argent : s'il nous domine, nous sommes finis ; de fidélité dans le mariage ; d'attention au pauvre à notre porte ; de respect des petites gens ; de pardon sans limite. Et c'est alors que survient cette demande : « Ajoute-nous de la foi. » Elle n'est donc pas formulée dans le vide. Au fond, elle veut dire : « Mais ce n'est pas vivable ! » Jésus a perçu l'objection et il est impatient. Si les siens avaient le moindrement de foi, ils pourraient faire qu'un arbre se déracine et aille se planter dans la mer !

La foi pousse donc à faire de ces choses qui n'ont pas d'allure. Comme chercher à se déprendre d'un système qui donne priorité absolue à l'économie : seul Dieu est l'absolu. Comme chercher à être fidèle à l'autre qui nous a confié sa vie, alors que tout nous dit que le bonheur est dans le changement. Comme chercher à respecter celui qui se précipite sur notre pare-brise aux coins des rues de l'est de la ville, parce qu'il a été chassé des endroits chics. Comme ne jamais désespérer d'aucun être humain bien que ce soit si peu rentable.

La brusquerie de Jésus nous dit que toutes ces choses, pour nous si déraisonnables, aussi déraisonnables que de demander à un arbre d'aller se planter dans la mer, sont pour lui la norme. Et qu'il a peine à accepter les hésitations des siens. Comment se fait-il qu'ils ont si peu de foi ?

Il est clair que la foi dont il est ici question n'a que peu à voir avec la récitation d'un credo ou l'adhésion à des vérités abstraites. Elle est mouvement de l'être, appel de fond, dynamisme qui oriente à chercher le bonheur dans une certaine direction. Et cette direction est balisée par l'évangile qui nous demande ensuite si nous nous reconnaissons en lui. Regardez-vous, nous dit-il. Qu'êtes-vous devenus ? Qu'avez-vous laissé la vie faire de vous ? Vers quoi êtes-vous tendus ? En quoi votre foi vous a-t-elle fait accomplir des choses déraisonnables ?

Oh ! vous en avez fait, lui répondez-vous, et vous aimeriez bien que l'Au-delà s'en rende compte. Alors l'évangile, qui sept fois le jour nous pardonne, reprend la parole. C'est bien de faire les choses qu'il faut. Mais Dieu n'est pas un comptable qui calcule les heures de travail. Et, poursuit l'évangile de façon presque scandaleuse : vous n'avez rien à attendre de lui ; il ne vous manifestera aucune reconnaissance. Mais, à quoi vous imaginez-vous servir au juste ?

Pourquoi tant de dureté ? Pour nous forcer à regarder ailleurs. Nous n'avons rien à attendre de Dieu parce que l'important n'a rien à voir avec les récompenses. Il est ailleurs. Regardons-nous dans le miroir de l'évangile. Si nous nous reconnaissons en lui, nous venons de nous découvrir comme nous ne nous sommes peut-être jamais vus. Homme ou femme de cœur. Homme ou femme de compassion. Homme ou femme libre. L'évangile nous aide à nous voir avec les yeux amoureux de Dieu. Or, les yeux de Dieu ne voient pas notre compte en banque, nos kilos en trop, nos sautes d'humeur, nos dispersions dans les multiples tracas de la vie. Ils voient que nous préférons nos liens humains à la richesse, que nous avons mal parce que nous refusons d'accepter l'injustice du monde, que nous perdons beaucoup de temps à chercher le sens ou à sentir vivre la vie.

Et Dieu se dit : « S'ils sont aussi déraisonnables, c'est qu'ils sont grands. »

Nous sommes notre récompense.

8. La tête dans le sable.
Lc 16,19-31

> *L'un était riche. L'autre, un dénommé Lazare, était pauvre, il ne recevait même pas de miettes à se mettre sous la dent. Ils meurent l'un après l'autre. Lazare est dans la joie, avec l'ancêtre Abraham, l'autre dans les tourments. Et il est trop tard pour s'entraider.*
> *— Père Abraham, j'ai cinq frères sur terre. Vite, que Lazare aille les avertir, ils ignorent le sort qui les attend. Il ne faut pas qu'ils se retrouvent ici.*
> *— Inutile. Tout ça est dans la Bible depuis longtemps. S'ils n'ont pas encore compris, il n'y a rien à faire.*

La parabole de Luc 16,19-31 s'appelle traditionnellement « Lazare et le mauvais riche ». L'épithète est de trop. Dans le texte, le personnage est tout simplement qualifié de riche. Sans plus. C'est peut-être même le calomnier que le dire « mauvais », car, dans le texte, il n'apparaît pas dénué de compassion.

Voilà donc un riche, qui mène – oserait-on dire : sincèrement ? – son existence de riche. Il n'a pas l'air méchant. Il semble même n'être que la victime de son sort enviable. Comme il a de l'argent, et que ça paraît, il est inévitable qu'un pauvre ou l'autre se tienne à sa porte et attende quelque chose de lui. La scène est de tous les temps. Tous les touristes l'ont vécue, et combien d'entre nous, au sortir d'une soirée au théâtre ou d'un bon repas au restaurant ou d'une séance d'achats dans un centre commercial, ne se sont-ils pas fait demander l'aumône ? « À quiconque te demande, donne. » (Mt 5,42) Le riche de la parabole ne semble donc pas bien méchant – en tout cas pas plus que nous à nos propres yeux –, il n'est ni brutal, ni violent, ni enfermé dans sa bulle dorée. Il n'a peut-être pas été généreux, mais il s'est assez intéressé au sort du pauvre à sa porte pour connaître son nom, Lazare, « Dieu a aidé », et il se sent assez proche de lui pour espérer que le même Lazare vienne à son secours, dans sa situation tourmentée. Devrait-on le traiter de « bon » riche ?

La parabole présente donc une situation de tous les jours, sans la caricaturer, sans charger les personnages. Un pauvre et un riche ordinaires, dans un monde ordinaire, avec un sort ordinaire : l'un et l'autre meurent. Et, tout à coup, l'invraisemblable arrive : Lazare se trouve tout près du père Abraham, tandis que le riche est en retrait, plus bas, terriblement souffrant. Et lui, qui n'avait pas aidé Lazare, ne peut pas non plus être aidé par lui. Ce que la scène révèle, c'est que la situation du début n'était pas si anodine qu'il n'y paraît de prime abord. Sa normalité cachait un état de crise d'une profondeur inouïe, que les personnages ignoraient, et d'une proximité inattendue, celle de la mort qui atteint tous les humains. L'au-delà est tout proche, où les situations humaines sont carrément renversées.

Faut donc avertir le monde. La parabole s'y emploie, mais sans se faire d'illusions. Il s'agit même du texte peut-être le plus pessimiste de tout le Nouveau Testament. Le porte-parole de la parabole est le riche du début, un bon garçon qui a de la famille sur terre, cinq frères qui ont sans doute pris la relève dans l'entreprise familiale et qui ne se doutent nullement de ce qui les attend. Vite ! nouvel appel à Lazare — décidément, on attend tout de lui —, il se doit d'aller avertir le reste de la famille ! *Inutile*, de répondre le père Abraham. S'ils n'écoutent pas l'Écriture, ils n'écouteront pas davantage Lazare, même Jésus ressuscité ne réussirait pas à les convaincre. Et l'auteur de rédiger sa parabole sans s'illusionner lui non plus sur le sort qu'on lui fera. Les humains sont attachés au système qu'ils ont créé pour y vivre et pas question pour eux de vouloir le changer. Quant à ceux qui en souffrent, ils sont trop dépourvus de moyens pour y arriver. Les riches arrivent même à les convaincre de se contenter des miettes qu'ils leur laissent. Tous ont la tête dans le sable. Et rien ne pourra les faire changer d'avis. Pas très dynamisant, direz-vous, mais est-ce si éloigné de la réalité ?

Quand nous nous observons vivre, il est évident que nous cherchons tout au plus à améliorer le système, mais qu'il ne faut surtout pas chercher une solution de rechange. Et ceux qui s'y risquent ont tôt fait d'être ramenés à l'ordre. Je pense à l'une d'entre nous qui, il n'y a pas si longtemps, se proposait de mettre sur pied un mouvement dont une branche pourrait éventuellement se transformer en parti politique dans la ligne d'une option citoyenne. Son manifeste n'était pas sitôt sorti des presses qu'un éditorialiste de l'une de nos principales feuilles de chou vouées à l'excellence s'empressait de discréditer le tout par l'utilisation du qualificatif d'« utopie ». Pourquoi tant de hâte ? Pourquoi ce jugement sans appel ? Quand on trouve son intérêt et le sens de sa vie à défendre la grande entreprise, il faut veiller à ce que même pas le début de l'idée d'un changement du système puisse prendre pied dans l'opinion publique. Il faut que Lazare rêve de miettes, aime ses miettes, soit reconnaissant au riche qui lui laisse ses miettes (préférablement quelques jours avant Noël), si ce n'est au chien qui vient lui lécher les plaies. Écrire pour que personne ne se sorte la tête du sable.

Chez nous, le système est fort. Écrire lui est donc suffisant pour que la parabole ne convainque personne. Mais là où les Lazare sont nombreux, où les miettes sont plus rares, où le contraste entre richesse et misère fait scandale, où les têtes sortent spontanément du sable, la réaction du riche est plus sanglante. Il n'a pas d'argent pour développer des médicaments qui pourraient guérir l'Afrique, ou lui laisser à bon compte ceux qui existent déjà. Il tue délibérément les Africains en gardant les médicaments hors de prix ou en couvrant le continent d'armes mortelles. Il étouffe Cuba qui persiste à lever les yeux vers le soleil. Il enfonce les pays pauvres dans des dettes non seulement qui entravent à jamais leur développement, mais qui favorisent l'enrichissement des pays prêteurs. Il maintient délibérément l'état de guerre en Palestine, il encercle l'Iran, il pulvérise l'Afghanistan, il vole l'Irak, parce que ces peuples refusent de se soumettre. Il arme Taïwan pour humilier la Chine, il torpille l'économie du Japon par trop triomphante. Il viole la loi pour faire taire le Québec, il cherche à desserrer la solidarité sociale au nom de la rationalité économique et, à peine élu, il s'empresse d'aller faire acte d'allégeance à Washington ou à Wall Street. Tous la tête dans le sable.

Face à ce système global, puissant, argenté, armé, proclamé, assassin, quel poids peut bien avoir la parabole du riche et du pauvre? Le poids des siècles, puisqu'elle traverse les âges. Le poids du réel, puisqu'elle pourfend l'illusion. Le poids de l'espérance, puisque selon elle le système pourri ne passera pas le test de la réalité ultime. Le poids de l'humanité, puisque les défenseurs du système en partagent la barbarie et que l'humain authentique est celui ou celle qui s'y oppose.

Quand je comprends cela, le système tremble.

9. Que vaux-je ?
Lc 15,1-32

> *Une femme prend soin d'une centaine de personnes. Un jour elle en perd une. D'instinct, elle délaisse le groupe pour partir à la recherche de l'égarée. Elle la trouve et revient tout heureuse — d'une joie qui exprime celle de Dieu. Mais quand les autres les aperçoivent, il s'en trouve une vingtaine pour lui dire :*
>   *Si l'autre rentre ici,*
>   *nous, on sort.*

Les textes évangéliques sont souvent de l'ordre du canevas, de l'aide-mémoire. On y trouve les grandes lignes de ce qui était ensuite raconté de façon adaptée à l'auditoire. Les trois récits de Lc 15 en sont de bons exemples. L'évangéliste les rassemble comme répliques de Jésus à ses adversaires qui ne cessent de bougonner contre lui : Regardez avec qui il se tient ! avec qui il mange ! Ces petits récits présentent des facettes similaires du comportement humain. Dans le petit résumé qui en a été fait au début, on trouve, dit autrement, le cœur de l'évangile, l'unique critère d'appréciation des humains. La valeur d'une personne se révèle d'après la place que sa vie lui fait prendre dans le récit. Sous ce mot « vie » il faut entendre tout : la famille et l'éducation ; le (les) choix d'un conjoint, d'un travail ou d'un métier ; les enfants et le cercle d'amis ; la maison et le quartier qu'on habite ; le train de vie et les loisirs ; vie de foi, prières et pratiques religieuses, tout. Mais attention ! le jugement de valeur ne porte pas directement sur ces réalités, ces choix et ces activités. Il ne tient compte que d'une chose : la sorte d'être humain que tout cela m'a fait devenir.

Ce n'est pas Dieu qui a décidé que Roger épouserait Thérèse, ou que Sylvain vivrait avec Natacha. L'orientation de ma vie, cela relève de moi et n'est pas sans influencer ce que je deviens. Car, conséquence de ses propres choix, ma conjointe a pu me faire grandir ou mon conjoint contribuer à me détruire. Par ailleurs, j'ai peut-être décidé de joindre les rangs d'une communauté religieuse, c'était ma responsabilité. Et cela a pu mener à ma libération ou à mon infantilisation. Si une structure religieuse était importante pour moi, j'ai eu à décider de celle qui répondait le mieux à la personnalité que je voulais devenir. Mais ma valeur ne s'estime pas à partir de choses qui me sont relativement extérieures, comme le seraient la somme de mes relations avec ma conjointe, ou la qualité de ma religion et de la pratique qui en a résulté, ou ma place dans la société, ou mon compte en banque, ou l'ensemble de mes bonnes œuvres, de mes écrits et de ma renommée. Elle repose uniquement sur la place que je me reconnais dans les paraboles de Lc 15 ou dans le résumé qui en a été fait plus haut. C'est *moi* qui suis évalué, pas une série de choses que j'ai faites.

Je peux donc me reconnaître dans l'égarée. Rien de glorieux là-dedans, car indicible est la souffrance de celui ou celle qui a raté sa vie. Souvent, cela ne s'avoue même pas. Cela se cache donc sous une couche de plus en plus épaisse d'apparences, de dépendances ou de déviations toutes plus trompeuses les unes que les autres. Mais la douleur est toujours là, aiguë. Seule la lucidité peut arriver à la calmer quelque peu, puis la rencontre de l'autre – quel qu'il soit –, puis l'espoir. Cependant, au jour où cela arrive, je ne suis plus égaré puisque – je le sais ou le devine – tant qu'il y a la vie, rien n'est définitivement raté. Serait-ce un peu de joie que je vois poindre à l'horizon ?

Ou je fais partie des soixante-dix-neuf. La vie a été raisonnablement bonne pour moi. Mais j'ai dû travailler fort pour m'en sortir. Je n'ai jamais réalisé mes rêves et ne les réaliserai jamais. Pourtant, je pense m'être bien conduit et j'espère trouver le bonheur un jour, si le ciel, c'est vrai. En attendant, je consacre tous mes efforts à survivre, à surnager, à grappiller un peu de joie ici et là. Je n'en veux à personne. Tout le monde, je pense, fait de son mieux dans la vie. Mais chacun reste pas mal seul. Rares sont ceux sur qui on peut compter, et il n'y a pas grand-chose à faire pour changer le monde. De toute façon, je n'ai pas beaucoup d'énergie à dépenser pour m'occuper des autres. Oui, je suis un peu désabusé.

Ou je suis du nombre des vingt. En dépit des apparences, peut-être, je suis né, j'ai vécu, je vis et je mourrai enragé. Je suis homme ou femme de système. J'ai toujours fait ce qu'on m'a demandé, j'ai toujours obéi. Que les autres fassent pareil et ça ira bien mieux dans le monde. Si les gens d'ailleurs veulent s'établir chez nous, qu'ils viennent, mais à la condition d'accepter de vivre comme nous. De nos jours, on a l'air d'étrangers dans notre propre métro. Et puis qu'on cesse donc de s'apitoyer sur le sort d'une foule de gens qui ne veulent pas travailler pour vivre. Et tant mieux si les gouvernements dépensent beaucoup d'argent pour lutter contre ces terroristes jaloux de ce qu'on a ici. Si je suis joyeux ? Suffit de regarder autour de soi pour se rendre compte qu'on n'a pas grand raison de l'être.

Il y a enfin celle qui veille sur les autres, femme souvent lasse, découragée, accablée par le poids de souffrances humaines la plupart du temps impossibles à soulager. Pourtant, sa joie dit ce qu'elle est. Et nul ne pourra jamais la lui enlever. Et, un jour, un Très-Grand s'inclinera devant elle, partageant sa propre joie.

Ma joie de maintenant dit ma valeur d'être humain.

10. De la simplicité des choses.
Mt 18,15-20

> *Vous êtes réunis, deux ou trois, à cause de moi ?*
> *Je suis là, avec vous.*

Se pourrait-il que ce soit aussi simple ? Il suffirait que deux se mettent d'accord sur une prière pour obtenir ce qu'ils demandent ? On n'a qu'à se rassembler à deux ou trois, dynamisés par Jésus, et le voilà présent dans le petit groupe (18,19-20) ?

Si ce n'était pas le christ de l'évangile qui le disait, on sourirait de pitié. C'est pourtant lui qui le dit et on ne le croit pas. Faut-il que les choses soient compliquées pour être vraies ? Mais qu'est-ce donc qui fait qu'on lit l'évangile comme si ces textes-là ne savaient pas trop de quoi ils parlaient ? Oh ! bien sûr, voilà la parole de Dieu : vite ! qu'on s'organise une procession, et qu'on promène le livre par-dessus les têtes, et qu'on te l'asperge, et qu'on te l'encense. Petit tremblement face au sacré et voilà, c'est terminé. Dépêchons-nous d'oublier ces témoins vieillots d'un autre âge. En ce temps-là, ce n'était pas comme aujourd'hui. Ces façons de faire, c'était avant la vraie Église. Que d'améliorations depuis ! Et les anciens, ça ne connaissait pas les rouages complexes de l'économie, ça ne pouvait communiquer qu'en se rencontrant alors que nous, avec l'ordinateur, nous pouvons communiquer instantanément avec l'univers entier, et puis, les pauvres ! ça s'imaginait que Dieu s'occupait de leurs affaires. Il est bien au-delà de ça. Et après un gentil salut au vieil ancêtre Matthieu, on se hâte de passer aux vraies affaires. Tant pis pour soi. La sagesse du passé aurait pu atténuer la barbarie du présent, l'expérience des croyants de jadis, étancher la soif d'Église.

Oui, c'est aussi simple que ça. La foi, c'est un dynamisme qui pousse à vivre comme Jésus. Le reconnaître en soi donne le goût de le reconnaître chez d'autres. C'est trop grand, trop bon, trop éclairant pour être enseveli comme un trésor. Et quand on en a trouvé un autre comme soi, quand on est deux à avoir cherché à comprendre, à avoir fait du ménage en soi, à avoir tenté de distinguer ce qu'il y a de commun entre soi et l'autre, indépendamment des histoires personnelles et des tempéraments, à avoir intuitionné un même appel à lire la vie dans la même direction, au bout d'une telle rencontre où s'est dite la prière de la vie, il est inévitable qu'on obtienne ce qu'on cherche. La fraternité découverte, la solidarité vécue, le visage de Jésus renouvelé, le sens de Dieu creusé, voilà ce qu'on cherchait, ce qu'on demandait et que la rencontre a permis de vivre. Et ça marche à tout coup, à en être épeurant.

Et si, quelque part dans le monde, ils sont deux ou trois à s'être ainsi découverts, là est l'Église. Non, reprenons d'abord ça à l'envers. Partout dans le monde où ils ne sont pas deux ou trois à s'être ainsi découverts, il n'y a pas d'Église. Il ne suffit pas qu'il y ait un quelconque rassemblement de chrétiens pour que l'Église y soit, il ne suffit pas qu'on soit communauté religieuse, ou qu'on participe à une célébration liturgique présidée par un ministre dûment ordonné, de quelque rang soit-il. Le christ est présent là où ils sont au moins deux ou trois à s'être reconnus rassemblés par lui, et là est l'Église. De là l'importance de prendre l'évangile au sérieux.

Je n'arrête pas de me faire demander : mais où est-ce qu'on peut vivre ça ? avec qui peut-on parler de ça ? quand l'Église va-t-elle permettre que de telles choses se fassent ? Que répondre d'autre que ce que l'évangile a déjà dit ? Il n'y a rien à attendre, rien ne viendra un jour, car tout est déjà là. Autour de nous, il n'y a qu'à regarder, innombrables sont celles et ceux qui rêvent de trouver quelqu'un avec qui se mettre d'accord pour prier le Père du ciel. Ou qui meurent d'envie de se trouver rassemblés avec d'autres en présence de Jésus. Or, l'objet du rêve ou du désir est au bout d'une toute petite démarche, d'un tout petit pas. Les choses sont aussi simples que l'audace d'aller vers l'autre, cela seul peut lever l'obstacle qui empêche la création de l'Église.

Cette audace, c'est à vous de la manifester. Si vous avez vraiment soif d'Église. « Pourquoi restez-vous là à regarder vers le ciel ? » (Ac 1,11) Il est là à attendre que vous soyez deux ou trois pour se joindre à vous.

11. Le bon berger.
Jn 10,1-10

> *Le berger entre dans l'enclos par la porte. Il appelle ses moutons et les emmène dehors. Là il leur fait trouver de quoi vivre.*
>
> *Méfiez-vous des autres, qui escaladent la clôture. Ce sont des voleurs et des rapaces.*

Jean l'a certainement fait exprès. Son célèbre texte sur le bon berger, il l'a exactement placé entre deux réactions du Magistère de son peuple à l'activité de Jésus. Sans doute voulait-il qu'on comprenne exactement, par le contraire, ce qu'est un bon berger. Juste avant, les autorités refusent le témoignage d'un aveugle que Jésus a guéri : ce n'est tout de même pas un raté depuis sa naissance qui va leur faire la leçon ! « Et ils le jettent dehors. » Pour Jésus, rien de plus normal, il en a toujours été ainsi. Les petits, censément ignorants, comprennent les choses de Dieu. Et les enseignants, censés les connaître, les ignorent. Et juste après notre texte, Jésus déclare que personne ne pourra jamais arracher un seul mouton de sa main ou de celle de son Père. Aussi fait-il un avec ce dernier. Les autorités l'accusent alors de blasphème et veulent le tuer.

Voilà le problème avec les mauvais bergers, ils sont étrangers à leur peuple. Aussi, il ne faut pas les suivre mais les fuir, parce que ces bergers ne sont pas des voix connues (10,5). On ne les écoutera donc pas (v. 8). Ce sont des gens qui ne se soucient pas de leurs moutons (v. 13). Que fait au contraire le bon berger ? Il connaît les siens chacun par son nom. Il sait le chemin et va devant. Il montre comment trouver la nourriture. Il veut que tous aient la vie, et en surabondance. Et il est prêt à donner sa vie pour cela.

Quelle tristesse que ce texte soit éculé. Qu'il fasse image sainte défraîchie, doucereux à donner le dégoût. Alors qu'il est d'une terrible actualité, tellement qu'on hésite à la dire. Qui ne le voit pas ? Les moutons, parce qu'il n'y a pas de bon berger, sont dehors. Ou bien on les a jetés dehors : féministes, homosexuels, divorcés remariés. Ou bien, écoutant d'instinct l'appel à la méfiance lancé par Jésus, ils sont partis d'eux-mêmes, à pleines portes, errant en quête de nourriture, ne reconnaissant pas la voix des bergers ou ne se sentant pas reconnus d'eux. On leur a dit qu'ils étaient loin de Dieu parce qu'ils ne faisaient pas sa volonté. On leur a dit qu'ils étaient ignorés de Dieu parce qu'ils ne pensaient pas comme il faut les choses de Dieu. On leur a dit qu'ils offensaient Dieu parce qu'ils étaient scandalisés par la misère qu'on imposait délibérément à leurs frères et sœurs, et qu'ils dénonçaient le système mis en place pour rendre l'exploitation efficace. On leur a dit qu'ils ne comprenaient rien à Dieu s'ils s'intéressaient au bonheur de maintenant plus qu'à celui de l'au-delà. On leur a dit qu'elles heurtaient de front la volonté de Dieu en se voulant les égales des hommes, capables de diriger et d'enseigner l'Église de Dieu. On leur a dit qu'ils étaient aveugles et qu'ils n'avaient qu'à écouter les gens que Dieu avait établis pour voir clair. On le leur a tellement dit qu'ils ont fini par le croire.

On les a mis dehors. Ou ils sont partis. À pleines portes. Isolés pour la plupart. Plusieurs en colère contre un Dieu absurde, une Église insignifiante. Certains toujours fascinés par Dieu, mais craignant comme la peste que leur entourage le sache. Beaucoup se lançant dans toutes sortes d'aventures spirituelles ; plus ça vient de loin, mieux c'est : secrets cachés depuis des millénaires, trésors venus de l'Orient mystérieux. D'autres, contre la volonté de leur Église officielle, se réunissent par petits groupes et s'approprient à la dérobée la nourriture subversive du bon berger de jadis. Mais la vie, la vie en abondance qu'il apportait échappe au troupeau qui est dehors.

Le texte sur le bon berger, loin d'être imagerie douceureuse, est une terrible prophétie. Le peuple de Dieu ne cesse de réclamer de bons bergers pour prendre soin de lui. Mon peuple n'a pas de pasteur, se plaignaient déjà les prophètes. On veut tuer le bon berger, rajoute Jésus. Et le problème est toujours le même : les bergers choisissent l'institution ou l'organisation aux dépens de leur peuple. Soigner leurs gens, les nourrir, les respecter, les connaître par leur nom, porter leurs besoins n'est jamais la priorité. Avant, il y a le système (présenté comme une volonté de Dieu, incontournable), l'enseignement (présenté comme formulé une fois pour toutes, irréformable).

Y a-t-il un bon berger quelque part ?

12. Le berger qui n'avait jamais voulu l'être.
Jn 10,11-18

Je suis le bon berger.
Le bon berger dépose sa vie pour ses moutons.

Berger ou pasteur, l'homme de Nazareth n'avait jamais voulu l'être. Ce n'était pas dans ses cordes. Des siècles que son peuple avait été échaudé par ses leaders. À commencer par David qui avait voulu unifier un Nord (dont faisait partie sa Galilée) et un Sud (dont faisait partie Jérusalem) incompatibles. Puis Salomon, avec sa folie des grandeurs, qui, pour se faire construire un immense palais (et un temple pour que ça passe mieux parmi le peuple), avait dû imposer d'ignobles taxes et corvées. Pour le fier Galiléen qu'il était (il avait de qui tenir), pas surprenant que ses ancêtres aient cherché à couper tous les liens avec le Sud, au risque de passer pour impies et idolâtres. Et voilà que, depuis un siècle ou deux, Jérusalem avait réussi en quelque sorte à remettre la main sur son pays, en rétablissant les taxes au profit du temple et en cherchant à imposer à son peuple les coutumes de là-bas. Il avait donc de bonnes raisons de ne pas vouloir d'un Pasteur centralisant tout le pouvoir autour de lui et saignant le pays à blanc.

Bien sûr, des leaders, il en fallait. Mais des vrais, des hommes (il était de son temps) qui auraient à cœur de veiller sur leur peuple et de voir à ce qu'il dispose du minimum vital. Des hommes proches des leurs. Donc, fini le règne opprimant de Jérusalem, on retourne au vieux mode de gouvernement ancestral. Un leader par tribu. Les Douze. Et il les forme, les Douze. Un jour, ils ont le malheur, dans un endroit désertique, d'oublier leur tâche et de vouloir envoyer les gens dans les villages environnants pour s'acheter de la nourriture. Il leur donne alors toute une leçon. C'est à eux qu'il revient de nourrir leur peuple. Et pourtant, chose remarquable, lui-même ne fait pas partie des Douze. Il n'est pas le Premier (ministre) parmi les Douze. Il ne veut rien savoir du pouvoir pour lui-même. Il sera toujours dans l'opposition, à contester (contestataire ou prophète, c'est la même chose). Facile, dites-vous ? Il se donne le beau rôle ? Regardez, dans l'histoire, ce que les hommes de pouvoir font des contestataires, ce que les partis font de leur commission politique, ce que les responsables de l'économie font quand le peuple (les brebis) s'oppose à leurs politiques. Ils se détournent d'elles et les laissent se faire taper dessus. « Et le loup les emporte et les disperse. » Décidément, pas pour lui la tâche de berger ou de pasteur.

Et pourtant l'évangile le traite de bon berger. C'est que l'évangile ne parle pas de lui tel qu'il fut jadis. Mais de lui tel qu'il est maintenant. Or, mis à mort par le pouvoir opprimant de Jérusalem qu'il était allé contester, il a par la suite été fait seigneur, dans le mystérieux au-delà de Dieu son Père. En conséquence, il est maintenant le Berger de son peuple. Chargé de le nourrir, chargé de veiller sur lui, chargé de le protéger des loups de l'économie et des valets qu'ils installent au pouvoir pour s'occuper de leurs intérêts. Et son peuple, c'est le peuple des pauvres, le peuple des sans-emploi, le peuple de la précarité et du temps partiel, le peuple de toutes celles et tous ceux qui se croient loin de Dieu parce que marginalisés par un monde sans âme. Et les Douze d'aujourd'hui, c'est son Église. Et comme les Douze de jadis, peut-on la blâmer ? celle-ci se rend bien compte que les gens ont faim et son réflexe est de les envoyer s'acheter de quoi manger ou, au mieux, de s'employer à les nourrir, écoutant en cela la leçon de jadis. Mais comme il est difficile de poursuivre la tâche des Douze. Car il s'agirait d'œuvrer dans la ligne de l'espérance et de contribuer à débarrasser l'humanité de tous ces mercenaires et loups rapaces qui font de cette terre l'abomination de la désolation pour la grande majorité.

Mais qui ne voit le problème ? Comment suivre cette ligne d'action sans en entrevoir l'aboutissement ? « Le serviteur n'est pas plus grand que le maître... » C'est ici que la foi (ou la confiance) dans le bon berger entre en jeu. Il aime ses brebis et il connaît les siens. Il aime la vie et il connaît le prix de la donner. Il dispose de l'énergie de Dieu pour dynamiser à sa suite des gens qui, pas plus que lui, n'aspirent à être bergers.

Mais qu'elle est petite, cette foi, face à l'implacable réalité qui, chaque jour, se met en place sous nos yeux. Viens en aide à mon peu de foi.

13. Attention au chemin !
Jn 14,1-11

> — *Vous connaissez le chemin.*
> — *Difficile de connaître le chemin si on ignore où tu t'en vas.*
> — *Mais c'est moi, le chemin. Si vous le prenez, vous allez rencontrer le Père. Celui-ci, d'ailleurs, vous l'avez déjà vu.*
> — *Mais vas-tu finir par nous le montrer ?*
> — *Depuis tout ce temps que nous sommes ensemble, vous ne saisissez pas encore que voir l'un c'est voir l'Autre ?*

« Si vous me connaissiez, vous connaîtriez aussi mon Père. » (14,7) Tout le défi du christianisme est contenu dans ce *si*. Et remarquez que la condition vise les disciples, et donc, dans le code d'un évangile, la communauté chrétienne elle-même à qui le texte est adressé. De là le scandale. Comment ? Les chrétiens ne connaîtraient pas Jésus, et donc Dieu ? Exactement.

Quand on regarde la logique du texte de Jean, il apparaît clairement que Jésus y est présenté comme le chemin qui mène à l'expérience de Dieu. Or, deux choses sont remarquables dans la présentation johannique. La première est que les chrétiens doivent partir de la vie de Jésus s'ils veulent connaître Dieu (au sens d'en faire l'expérience). Qu'y a-t-il de remarquable en cela, direz-vous ? Simplement ceci, que le texte demande aux chrétiens de faire le contraire de ce qu'ils font d'ordinaire. Expliquons-nous.

Les chrétiens sont tellement occupés à proclamer la divinité de Jésus qu'ils en oublient Dieu. Davantage même, le sens qu'ils donnent à la divinité de Jésus leur fait méconnaître Celui que leur révèle la vie de Jésus. Qui est le chemin. En effet, au lieu de laisser l'homme de Nazareth (de fait, croyez-vous qu'il fut un homme ?) leur révéler la personnalité de Dieu, les chrétiens ont tendance à faire exactement l'inverse. Ils ont recours à une image païenne de Dieu, soit le Tout-Connaissant et Tout-Puissant ;

ils la projettent en Jésus; ils l'y retrouvent ensuite, bien sûr, puisqu'ils l'y ont mise; et, tout heureux, s'écrient: « Voyez, Jésus est vraiment Dieu, comme Jean l'a si bien dit. »

Mais Jean, il faut le répéter, disait exactement le contraire. Pour lui, les humains ont peine à connaître Dieu. Et ce n'est qu'après avoir longtemps regardé vivre Jésus (« Depuis si longtemps je suis avec vous, et tu ne me connais pas, Philippe? ») qu'ils pourront, à partir de lui et non à partir de leurs idées préconçues, connaître vraiment celui qu'ils appellent Dieu. Mais ils ne le font pas, pour toutes sortes de raisons. Soit parce que leurs chefs religieux ne leur parlent jamais de Jésus, celui-ci étant trop radical à leur goût, ou trop subversif pour l'institution. Soit parce que le Jésus de l'évangile est un homme d'une très grande liberté, et qu'il est décidément fort embêtant d'apprendre à devenir désobéissant, au nom de Dieu et à la suite de Jésus, dans l'Église. Soit, encore, parce que Jésus a vécu solidaire des pauvres de son peuple et leur accordait la première place dans le Règne de Dieu. Or, c'est précisément dans ces traits, la liberté de Jésus et sa solidarité avec les pauvres, que se reconnaît celui qu'il appelle Père: le Dieu du Règne, le Dieu des pauvres et des marginaux, le Dieu de la justice, le Dieu d'une effrayante liberté, le Dieu démuni qui n'empêche pas ses enfants de mourir, tués par les pouvoirs politiques, financiers ou religieux. « Celui qui m'a vu a vu le Père. » Mais il s'agit d'un autre Dieu que celui que les chrétiens imaginent d'ordinaire quand ils disent que Jésus est Dieu. De façon paradoxale, il s'agit d'un Dieu qui se rencontre seulement quand on a le courage de croire en l'humanité de Jésus, dans le but de trouver, en cet homme, le chemin.

Une seconde chose est remarquable, dans la présentation johannique, et elle est liée à la première: c'est que ce ne sont pas les mots qui disent la foi, mais la vie. « Celui qui croit en moi fera les œuvres que je fais. » Et c'est le deuxième scandale. Ce n'est pas vrai qu'aujourd'hui les chrétiens ne parlent pas assez de Dieu, de Jésus ou de l'évangile. C'est même tout le contraire. Ils en parlent trop. S'ils croient au Dieu de Jésus (toujours lui, et non pas celui qu'ils inventent), il leur est simplement demandé de vivre libres et proches des pauvres. Dans la conviction que leur vie dira le Père à celles et ceux qui le cherchent. De grâce, leur crie-t-on de partout, parlez-nous moins de Dieu et vivez davantage comme Jésus (qui en parlait moins que vous pensez et en vivait plus que vous le dites).

Déboussolant, ce chemin.

14. Condamnés à être marginaux.
Jn 14,15-21

> *Si vous optez pour moi, vous suivrez les directions que j'indique.*
> *Pour ce faire, je vous enverrai le Souffle de Dieu. Il sera toujours avec vous, d'ailleurs, il est déjà là. Mais attention ! le monde autour de vous n'en veut rien savoir.*

Les textes anciens sont souvent d'approche difficile. Jean en est un bel exemple. On a beau essayer de le traduire convenablement, il laisse souvent une drôle d'impression aux lectrices ou lecteurs d'aujourd'hui. Prenons le langage de l'amour. Comment ne pas ressentir un certain malaise devant ces expressions johanniques qu'on pourrait résumer ainsi : aimez-moi et faites ce que je vous dis. Pourtant, sous des couleurs d'un autre âge, Jean se révèle étonnamment moderne, remarquablement mordant.

« Vous suivrez mes préceptes, si vous m'aimez », écrit Jean en faisant parler le Ressuscité ; comprenons : qui partage son échelle de valeurs vivra dans le même sens que lui. Aimer Jésus, à 2000 ans de distance, a peu à voir avec le sentiment et tout avec des choix similaires, une lecture semblable de la vie, des prises de position comparables face à la société, la politique, l'économie, la dimension religieuse de la vie. Ce que Jean appelle *amour* pourrait s'exprimer par le mot « solidarité », ce qu'il nomme *précepte* pourrait être traduit par « direction, orientation ». Le Nazaréen, fait seigneur dans la dimension de Dieu, a eu un ensemble de réactions précises face au système de vie mis en place par ses contemporains. L'aimer aujourd'hui, c'est vivre de façon équivalente.

Mais, direz-vous, est-ce possible de lui ressembler ? Oui, répond Jean, parce qu'est donné le *Souffle de vérité* ou dynamisme qui donne de la confiance. Et on est ici au cœur de la foi chrétienne. Il y a, chez certains humains, telle chose qu'un goût de vivre dans une certaine direction, une force de réaction contre le mal du monde, une poussée qui envoie vers les autres, un courant d'énergie qui fait rêver d'un monde meilleur. C'est une explication donnée depuis deux millénaires à un fait mystérieux : des humains de toutes conditions ou cultures se reconnaissent par le fond dans ce qu'a vécu l'homme de Nazareth et trouvent en eux-mêmes des ressources importantes qui les poussent à vivre comme lui. C'est ce que Jean appelle le *Souffle de vérité*. C'est cette drôle de réalité, aussi mystérieuse que le souffle du vent, sur laquelle on ne peut mettre la main parce qu'elle est insaisissable, sur laquelle on ne peut s'appuyer parce qu'elle est immatérielle, mais qui se révèle d'une force incroyable parce qu'elle peut, à travers l'histoire, mettre des humains en mouvement et leur faire vivre des choses semblables à celles que Jésus a vécues.

« Vous, vous le connaissez », ce Souffle, écrit Jean, « parce qu'il reste avec vous et qu'il est en vous. » Voilà la racine de la fraternité chrétienne, l'explication de la foi, le moteur de l'engagement à la suite de Jésus. Ceux qui en sont animés le connaissent, parce qu'ils en éprouvent le dynamisme au cœur de leur personnalité, et ils le reconnaissent chez certains et certaines autour d'eux, parce qu'ils les voient vivre de façon semblable. Et le premier signe qu'ils en ont, le seul en vérité que donne l'évangéliste, c'est que « le monde ne peut l'accueillir, car il ne le voit pas et ne le connaît pas ». Sont de Jésus celles et ceux que le Souffle a rendus capables, comme Jésus, de se démarquer du monde.

Sont donc ses frères et mes sœurs celles et ceux qui, à la manière de Jésus, vivent en retrait des valeurs qui animent leur société. Des marginaux, voilà ce qu'ils sont. Cherchant à vivre hors du monde dans le monde, hors de l'Église dans l'Église, hors de la société de consommation dans la société de consommation. Ils ont d'autres priorités que celles du monde qui les entoure.

Ils lisent la réalité par en bas, à partir de la misère des pauvres, qu'ils soient d'ici ou d'ailleurs. Ils mettent toujours l'humain avant les systèmes, l'évangile avant l'institution, la justice avant le droit. Ils refusent, à moins d'être infidèles à eux-mêmes, de laisser quoi que ce soit d'autre que le Souffle diriger leur vie, qu'il s'agisse d'argent ou de besoin de sécurité, de pouvoir ou de désir de domination, de plaisir ou de recherche de confort. Ils aiment leur famille, ils ont de la joie à rencontrer leurs amis, mais ils se reconnaissent surtout dans celles et ceux qu'ils sentent animés du même Souffle qu'eux.

Et de nos jours, leur marginalité, ce qui n'est pas sans les étonner, a toutes sortes de facettes. Ils sont minoritaires dans une Église déjà minoritaire dans sa société ; ils vivent leur vie de façon assez isolée par rapport à l'institution qui se réclame de Jésus ; ils se savent entièrement d'Église, mais sans les services dont ils auraient besoin pour exprimer pleinement leur foi. Par ailleurs, encore plus minoritaires dans leur société, ils y rencontrent beaucoup de frères et de sœurs, sous l'emprise directe du *Souffle de vérité*, gens profondément fidèles aux orientations de Jésus, mais qui ne veulent rien savoir de la religion et qui se demandent pourquoi ces drôles de « cathos » tiennent encore le fort. Impossible de vivre pleinement la fraternité avec les autres dans l'Église ou les autres ailleurs.

Condamnés à être marginaux.

15. Qui doit enseigner quoi ?
Jn 14,22-29

> *C'est le Souffle saint qui sera votre enseignant.*
> *Vous saurez donc quoi faire à partir de ce que j'ai dit.*

Selon Jean, le Souffle doit venir, qui enseignera tout aux siens, leur rappellera tout ce que Jésus a dit (14,26). L'auteur de la première lettre de Jean, qui fait partie de la même école de pensée, ose écrire que les croyants n'ont nul besoin que quelqu'un les enseigne, puisque le Souffle ou « l'Onction », comme il l'appelle, est en train de les transformer de l'intérieur (2,27). Pourtant, ne fait-il pas œuvre d'enseignant en rédigeant cette parole ? Et Paul ne classe-t-il pas les enseignants parmi les trois fonctions essentielles des premières communautés chrétiennes (1 Co 12,28) ?

Qu'en est-il donc, alors, de l'enseignant et de son enseignement ? Qui doit enseigner quoi ?

Partons de la dernière référence. Pour qu'une communauté naisse et vive, trois fonctions doivent s'exercer : celle de l'envoyé ou du fondateur (l'« apôtre »), qui passe d'agglomération en agglomération pour y établir des assemblées chrétiennes ou « églises » ; celle du prophète (ou de la prophétesse), qui actualise les visées du seigneur sur les siens ; et celle de l'enseignant, qui situe leur vécu dans la lignée de l'histoire. Après que les fondateurs ont fait leur travail, ce sont donc les prophètes et les enseignants qui prennent la relève. Les uns cherchent à discerner quoi faire, dans une histoire en marche, une culture différente, des situations nouvelles. Les autres, forts de leur connaissance du passé, de ses traditions et des textes sacrés, font voir que la direction suivie par la communauté se situe dans le prolongement des décisions prises par les prédécesseurs. Un exemple, choisi parmi tant d'autres, pourrait être éclairant :

Joie, oui, joie, dans le mépris, la persécution, le fiel, à cause de moi, joie et joie encore pour vous,
un salaire élevé vous attend dans les cieux.
Car avant vous c'est ainsi qu'on a harcelé les prophètes
(Mt 5,11-12).

Le verset 11 est typique d'une parole de prophète, le verset 12, d'une parole d'enseignant. Le premier décrit le comportement attendu des chrétiens. Le second le situe sur une lignée : ce que les croyants éprouvent, Jésus l'a vécu avant eux, et Jean-Baptiste, et Jérémie, et Amos, etc. C'est ainsi que l'enseignant permet aux siens de découvrir, en eux, la parole du Souffle qui leur rappelle tout ce que Jésus avait dit (Jn 14,26). Chaque situation est à la fois nouvelle et ancienne. Nouvelle, parce que l'histoire est en mouvement, les cultures sont différentes, la vie change. Ancienne, parce que les réactions humaines restent les mêmes. En dépit de la propension naturelle de chaque génération et de chaque culture à se considérer comme le summum de l'aventure humaine, comme les premières à avoir inventé l'art de vivre, elles ne font que reproduire sous d'autres couleurs les comportements dont l'histoire a été mille fois témoin. D'où la surprise que crée le prophète, en les contestant dans leurs fondements mêmes. Et la seconde surprise que crée l'enseignant, en leur faisant découvrir qu'elles n'ont rien inventé de significatif sur la façon de vivre en humain.

Tout cela permet de comprendre la référence de la tradition johannique à l'Enseignant par excellence qu'est le Souffle de Dieu ou de Jésus, à l'exclusion de tout autre enseignant. Jean, et les auteurs de sa tradition avec lui, est sensible aux pièges de l'existence, et en particulier à celui qu'on pourrait appeler « le système ». Le système, c'est l'organisation, l'institution, la façon humaine de gérer les choses qui prétend à l'infaillibilité et donc à une obéissance sans faille. C'est, par exemple, le système économique dominant, présenté comme un ensemble de lois immuables auxquelles on ne peut s'opposer sans dérégler toute la mécanique humaine. C'est l'ensemble des décisions politiques d'une nation, présenté comme l'unique façon raisonnable de gérer la communauté. C'est la hiérarchie sociale, vue comme intouchable. C'est l'institution religieuse qui se prétend tout à fait ajustée aux volontés de Dieu, fruit d'une révélation immuable, fixée de façon irrévocable et détentrice d'un savoir révélé véhiculé par un enseignement irréfutable. À cela, la réplique de Jean est subversive : *Que nul ne vous enseigne.* Ne vous laissez pas prendre au piège, veut-il dire. Le texte ne signifie pas que le système a tort sur tous les points, ni qu'il s'agit d'un imposteur. Il interdit qu'on se sente lié par lui *en tant que système*, qu'on lui donne son allégeance sans examen, qu'on lui abandonne tout de go la conduite de sa vie. Au fond de soi se trouve un « Ailleurs », critique radical et subversif de la réalité humaine, et seul enseignant qui soit de l'ordre de l'absolu. Tout doit être passé au crible de son jugement. Et malheur à qui le remplace par quelqu'un d'autre, ou se laisse dicter son propre devenir par le système, fût-ce l'Église. Il sera atteint dans son humanité même.

C'est faire injure au texte de Jean, on le devine, que de s'y appuyer pour se dispenser d'étudier ou mépriser la vie intellectuelle. Dans l'Église, l'enseignement est nécessaire. Mais il ne doit jamais devenir système. Il serait alors pernicieux, parce que, tout en se prétendant issu de Dieu, il ne pourrait être que stérile puisqu'incapable de sortir de la répétition. Le seul enseignement valable est celui qui a subi le choc de la parole prophétique. Ayant entrevu le neuf subversif derrière la critique née du Souffle, l'enseignant est alors capable d'en montrer la cohérence avec le passé et la pertinence pour le présent. Ce faisant, il s'efface derrière l'Enseignant par excellence.

16. Nouvelles paroles d'évangile.
Mt 10,26-33

Avec Matthieu comme point de départ, voici quelques paroles peut-être conformes à la pensée du christ d'aujourd'hui.

> *Ne méprisez pas ce qui monte du dedans de vous, ni n'attendez que d'autres vous disent que vous avez raison.*
> *Car ce que déjà vous entendez dans le secret de votre cœur, tous un jour se le répéteront.*
> *Et ce que vous partagez sur le mode de la confidence, vos futurs dirigeants en public un jour l'enseigneront.*
>
> *Mais méfiez-vous de ce que vous êtes seul à entendre, ni ne vous fiez à ce sur quoi vous ne voulez l'avis de personne.*
> *Car ce qui vient de moi, je le dis à tous.*
> *Ce que je révèle au cœur, toutes l'entendent.*
> *Ce dont je parle seul à seul se discerne à deux ou trois.*
> *Et ce que deux ou trois découvrent, tous le savent déjà.*
> *Qui a des oreilles pour entendre entende.*
>
> *Méfiez-vous de ceux qui pour sauver l'âme tuent le corps.*
> *En faisant du pain à donner aux pauvres un pain spirituel.*
> *En changeant la bonne nouvelle du bonheur sur terre en annonce religieuse.*
> *En élevant Dieu hors de l'histoire.*
> *En faisant de la transformation de la société un objectif non religieux.*
> *En rendant l'exercice de la sexualité indigne du fils et de ses parents.*
> *Méfiez-vous autant de ceux qui pour sauver le corps tuent l'âme.*

> En faisant du corps une idole à vénérer, dorloter,
> charcuter, amaigrir, engraisser, huiler, épiler, encenser,
> odoriférer, peinturer, bronzer, argenter, dorer.
> En faisant des corps des îlots isolés plutôt que des êtres
> ensemble, des consommateurs plutôt que des serviteurs
> de la vie, la beauté, l'art, la nature, Dieu même.
> En transformant leur propre corps en instrument de
> violence, de domination ou de mort.
> En oubliant que, dans son ouverture à soi, à la nature,
> aux autres et à Dieu, le corps a à façonner son âme.

Fiez-vous à Celui qui a à cœur de sauver et le corps et l'âme.
Ayez confiance,
ne soyez donc sûrs de rien.

> C'est comme cet homme qui embrasse sa femme partant
> pour un congrès. Il est inquiet, mais il lui fait confiance.
> Ou comme cette mère qui permet à son ado de rentrer un
> peu tard le samedi soir. Elle est morte de peur, mais elle
> lui fait confiance.

On n'a confiance qu'à l'intérieur de mille raisons d'avoir peur,
la petite lumière de la confiance ne se voit que s'il fait noir.

> Laissez monter en vous les questions sur l'existence de
> Dieu.
> Laissez-vous scandaliser par l'inaction de Dieu face au
> mal du monde.
> Laissez-vous souffrir de l'absence de Dieu.
> Laissez-vous hésiter face au silence de l'au-delà.
> Laissez-vous troubler par la mort.

Nul ne croit qui ne doute,
nulle ne croit qui est sûre.
Un jour, je reconnaîtrai les miens,
et comme ils seront étonnés.

> Mais nous n'allions pas à l'église !
> Mais nous ne croyions pas en toi !

> *Mais nous étions marginaux!*
> *Mais nous ne suivions pas les commandements!*
> *Mais nous étions si pauvres!*

Et je renierai les autres,
et comme ils seront étonnés.
> *Mais nous avions la foi!*
> *Mais nous avons été tes ministres!*
> *Mais nous t'avons été fidèles!*
> *Mais nous avons proclamé ton Évangile!*
> *Mais nous avons donné de nos biens!*

Qui a des oreilles pour entendre entende.

V. Récits

1. « Il s'en alla dans un endroit désert pour prier. »
Récit inspiré de Mc 1,29-39

> *Il fait encore nuit, il se lève et se retire dans un endroit isolé pour prier.*

Il avait eu une journée occupée. Participation à l'assemblée municipale le matin. Ça l'intéressait, c'était là qu'on traitait de toutes les questions qui préoccupaient les gens : perte des bateaux familiaux au profit des grands propriétaires de flottes, actes de vandalisme sur les filets, baisse des prix payés aux pêcheurs, brigandage, partage sur les textes et les façons de faire reçus des ancêtres, etc. Il apprenait à les connaître, tout en sentant qu'on l'étudiait, sans en avoir l'air, histoire de juger si on pouvait lui faire confiance : lui, l'homme de l'intérieur des terres, que venait-il faire sur les bords du lac ?

Un malade, hypersensible, avait senti quelque chose de sa présence et s'était retrouvé complètement déstabilisé. Il l'avait apaisé. Puis au tour de la belle-mère de Simon, une fièvre renversante. Il l'avait soulagée. Il y avait de ces jours où cette énergie, qui montait il ne savait d'où en lui, faisait des merveilles. Heureusement qu'il n'y avait pas de technocrates de Jérusalem dans les environs, ils l'auraient épinglé pour avoir violé le sabbat. Puis, il avait pris le temps de se reposer. Mais le soleil était à peine couché qu'on lui amenait tout ce que la place comptait de malades. Il les avait soignés de son mieux. Et s'était couché, épuisé. Mais le sommeil le fuyait. Il était surexcité. Trop de misère, trop de problèmes, trop de questions. Il se leva sans bruit, à la recherche d'un lieu désert, pour prier.

C'était son habitude. Il n'avait jamais beaucoup aimé les liturgies officielles. Et la situation se désintégrait. Il avait d'ailleurs ressenti un profond malaise le matin même. L'Écriture y avait été d'avance découpée en morceaux, et l'interprétation ne pouvait que difficilement rejoindre les intérêts des gens.

Elle était d'ailleurs commandée de Jérusalem qui n'avait que mépris pour sa Galilée bien-aimée. Cela, il le sentait depuis longtemps. Aussi, les intérêts de son Père de là-haut et ceux de ses interprètes d'ici-bas étaient-ils incompatibles. Il avait donc pris l'habitude, étrange sinon scandaleuse — aussi n'en avait-il jamais beaucoup parlé —, de prier seul, là où il n'y avait personne, sans texte, sans formule. Il se retrouvait par le fond, rapatriait son âme, se rassurait de l'intérieur, trouvait calme et sérénité. Il en avait l'intuition, son Père voyait dans le secret. Mais priait-il vraiment comme il faut ?

Heureusement qu'il avait rencontré Jean. Son maître, qu'il avait tant admiré, avait délibérément choisi de se retirer au désert. Loin du temple, loin des Romains. Jamais il n'aurait pensé pouvoir se reconnaître tellement dans un fils de cette orgueilleuse province de Judée. Mais Jean n'était pas comme les autres. C'est au désert, disait-il, qu'il faut se préparer à rencontrer Dieu. Pas au temple, contrôlé par un clergé hautain et des pratiquants méprisants, ce temple qui exigeait, pour fonctionner, qu'on taxe un petit peuple déjà écrasé par les impôts. Pas à Rome, cet Empire honni, qui, devait-il le lui rappeler ? avait massacré son village alors que lui était tout petit, et faisait régner sur son pauvre peuple de Galilée un ordre impitoyable au mépris de la souveraineté de Dieu. Mais bien au désert, à la périphérie, dans la marge, là où les grands ne vont jamais, là où les empires n'exercent plus de contrôle, là où il n'y a rien. En colère, le Dieu vivant avait délaissé le rien du Saint des saints pour le rien du désert. Comme il l'avait aimé, ce Jean qui l'avait révélé à lui-même.

Et c'est pourquoi, cette nuit, il se retrouvait hors de Capharnaüm, dans un endroit désert. C'était ce qu'il pouvait trouver de plus proche du désert de sa rencontre avec Jean, et de celui de sa rencontre avec l'Éprouvant, qui l'avait fait trembler pendant quarante jours. Cette nuit-là, il pouvait se redire qu'il avait eu raison de quitter Nazareth, sa famille et ses responsabilités, pour entreprendre une nouvelle vie sur les bords du lac, solidaire de ces petites gens qui, après tout, ne voulaient que vivre librement et fièrement leur vie. Qu'il avait raison de soulager les malades dont personne ne s'occupe, même quand les savants disent qu'on n'en a pas le droit. Qu'il faisait bien de prier à sa façon, loin de ces rites qui l'écœuraient. Et que, Dieu pour Dieu, il préférait son Dieu à celui des autres. Aussi, quand Pierre le trouva au matin, rencontra-t-il quelqu'un de bien décidé.

On continue.

2. L'humiliante radicalité de Jésus.
Mc 2,18-22

> — *Tes disciples ne jeûnent pas ? Les autres le font bien pourtant.*
> — *Vous mettez-vous à jeûner, vous, quand vous allez à un mariage ? En ce moment, ce n'est pas le temps. Les jours sombres viendront bien assez vite.*

Après la mort de Jésus, certaines communautés chrétiennes ont continué de pratiquer les jeûnes traditionnels. Rien de mal à cela, sauf qu'on ressentait un certain malaise. On savait bien — les disciples des débuts pouvaient en témoigner — que le Nazaréen était loin de s'être montré chaud partisan de l'ascèse.

Pas difficile à comprendre. On imagine facilement que ce n'est pas parmi les sans-abri de nos villes que les fabricants de régimes amaigrissants trouvent leur meilleure clientèle. Ni dans les régions où règnent misère et famine. Aussi le Galiléen trouvait-il scandaleux que de soi-disant interprètes de la volonté divine cherchent à imposer le jeûne dans les campagnes galiléennes. Des comédiens ! voilà bien ce qu'ils étaient. Toujours prêts à se faire admirer pour leur piété, jamais capables de voir l'humiliation qu'ils faisaient subir aux petites gens. Comment osaient-ils parler de jeûne à du pauvre monde, écrasé par les taxes, menacé par la famine, insécurisé face au lendemain ? Ce n'est pas de jeûne qu'il fallait parler, mais de repas, de pain, de vin, de viandes grasses (le cholestérol ne menaçait pas son monde), de banquet. Ce n'était pas le temps de se priver, mais d'espérer la fin des privations. Et lui de refuser de jeûner, dût-il se démarquer de son maître Jean. Et de s'opposer à ce que ses partisans le fassent. Et de faire vivre quelques grands repas publics à ses gens, pour que se concrétise leur espérance du grand banquet à partager dans le Règne de Dieu. Et de passer quelques-unes de ses dernières heures à manger et à boire avec les siens, les invitant à faire de même après son départ. Il vient, le Jour, il est presque là, où la puissance de l'Empire sera détruite, où Jérusalem cessera d'opprimer les siens. Et où il boira de nouveau avec eux le fruit de la vigne, cette fois dans le Règne de Dieu. Courage !

Son refus net du jeûne, son opposition constante aux dirigeants, ses jugements tranchants face aux institutions du temps témoignent de l'intensité de son expérience de Dieu. Emporté dans ce tourbillon intérieur dans lequel l'attire le Tout-Autre, il ne peut envisager qu'une transformation radicale des choses. Les rafistolages apparaissent dérisoires, les demi-mesures sont exclues, les compromis hors de question. Le neuf absolu s'en vient. Est-on conscient de ce qu'il fera subir au vieux tissu de l'Empire, du gouvernement, de l'économie, des pratiques religieuses ? Il va le déchirer, il va le faire crever ! Seule une société neuve pourra supporter la nouveauté de Dieu.

Face à un homme d'une telle conviction, les propagandistes du jeûne, sûrs de leur côté que le jeûne est voulu de Dieu, ne peuvent que tirer leur conclusion : voilà bien un glouton et un ivrogne, un ami des collaborateurs et des ratés.

Vivant en d'autres circonstances, des communautés chrétiennes, après la mort de Jésus, ont jugé devoir adopter les pratiques traditionnelles de l'aumône, de la prière et du jeûne. Elles avaient sans doute d'autres manières de se distancier des façons de faire sclérosées de leur société. Et c'est chose nourrissante pour la foi que la tradition ait trouvé leur choix conforme à la volonté du christ. Sinon, leurs textes ne nous auraient pas été transmis. Mais nous n'avons pas le droit d'oublier Jésus.

La foi n'est pas qu'au christ, elle est également en Jésus. Aussi avons-nous, face à lui, devoir de contemplation. Et ce, même si sa lumière fait mal aux yeux, même si ses vues radicales tranchent avec nos jugements raisonnables, même si son intransigeance nous révèle nos compromissions, même si sa marginalité met en question notre obéissance, même si le regarder nous humilie en nous faisant deviner le péché de notre vie : celui d'être bien dans un monde injuste. Car il est des souffrances qui font du bien, des pleurs qui réconfortent, des regrets qui pacifient, des confrontations qui dynamisent. Jésus est certes trop près de Dieu pour être supportable, trop vrai pour être suivi, trop exigeant pour être regardé sans baisser les yeux. Mais à le fréquenter, chose étrange, on sort beaucoup moins rapetissé que grandi.

3. Foi n'est pas certitude.
Mc 4,35-41

> *Ils sont dans la barque. La tempête se lève. Lui dort à l'arrière. La barque se remplit. Ils le réveillent.*
> *— Ça ne te dérange pas que nous soyons en train de couler ?*
> *— Vous êtes donc bien énervés ! Vous avez perdu la foi ?*

Marc ne s'est pas rendu la vie facile en intégrant à son évangile le récit de la tempête apaisée. En effet, on ne peut imaginer texte plus contraire au propos de son écrit.

Non que ce ne fût une belle histoire de miracle. Elle était et reste magnifique. Elle concerne non pas Jésus de Nazareth — qui, en tout semblable à nous sauf le péché, n'avait pas de pouvoir particulier sur la nature — mais le christ ressuscité et exalté. Lui, par définition, comme il détient la puissance d'intervention de Dieu qu'on appelle traditionnellement l'Esprit, peut agir au niveau de la nature et du cosmos. Or, parler du christ, c'est parler de la foi. L'un ne va pas sans l'autre. Quel agir du christ la foi fait-elle donc reconnaître ici ?

Les disciples dans le bateau pendant la tempête représentent évidemment la communauté chrétienne en temps de crise. Et au cœur d'une crise, il est naturel de s'interroger sur le rôle du christ. Sûrement qu'il dort, autrement il agirait. Réveillons-le donc, il nous sauvera : « Ça ne te dérange pas que nous soyons en train de couler ? » Et la mer de se calmer. Cependant, surprise ! s'ensuit un reproche. « Vous êtes donc bien énervés ! Vous avez perdu la foi ? » Comment, perdu la foi ? Ne fallait-il pas beaucoup croire pour invoquer le secours du maître ? Aurait-il fallu que dure la tempête ?

Mine de rien, avec cette petite question sur la foi, Marc nous guide sur le chemin de la compréhension de son évangile. Sa communauté, on s'en souvient, est en crise. Elle est persécutée par le pouvoir romain, sa barque prend l'eau et elle se demande ce que fait le seigneur. Dort-il ? Ne protège-t-il pas les siens ? Qu'en est-il de ces supposés pouvoirs de l'exaltation ?

Marc n'avait pas hésité, dès le premier verset de son évangile, à réaffirmer que Jésus était bien christ et fils de Dieu. Mais il se devait d'expliquer ce qu'il voulait dire. Et il le fait dans notre texte. Certes, le christ a pouvoir sur le monde, et mers et vents lui obéissent. Mais ce n'est pas là-dessus que porte la foi. C'est même un manque de foi que de demander au christ d'agir un peu partout pour calmer les tempêtes qui nous menacent. Ou de courir après les apparitions, ou de se précipiter auprès des murs qui suintent, ou de s'essouffler à la poursuite de nouvelles révélations.

La foi s'exprime dans la capacité, que donne le christ, de supporter les tempêtes, et non dans l'appel au pouvoir qu'il a de les calmer. On n'est pas croyant parce qu'on demande au christ d'agir, mais parce qu'on est dynamisé à rester sur le chemin qu'il a tracé. Le pouvoir du christ qu'expérimentent les croyants n'est autre que la capacité qu'il leur donne de marcher à sa suite. Tant qu'on n'est pas conscient de cette réalité, on est aveugle dans la foi. Quand on l'accepte, c'est qu'on voit clair, et alors on le suit sur le chemin (Mc 10,52).

Pour Marc, la foi n'est pas d'abord affaire de certitude intellectuelle. Elle ne lève pas le scandale de la souffrance ni de l'apparente inactivité de Dieu ou du christ. Elle est expérience de fidélité à la suite de Jésus.

Qui est-il donc Celui-là à qui j'obéis ainsi ?

4. La soif de midi.
Récit inspiré de Jn 4,5-42

C'était midi. Pas la meilleure heure pour aller chercher l'eau. Même avec la cruche sur la tête, elle sentait le soleil plomber. Un seul avantage, ça irait vite, il n'y aurait personne au puits. C'est d'ailleurs pour cela qu'elle avait choisi ce moment. Il n'y aurait là aucune de ces commères qui la haïssaient à vouloir la tuer du regard. C'était devenu trop lourd de les rencontrer jour après jour, de les entendre se taire quand elle approchait, de courber la tête pour ne pas voir leurs yeux assassins. Elle était mieux seule. Non, elle se sentait moins mal seule. Seigneur! il y a quelqu'un!. Un homme! Inquiète, elle hésite, mais elle a trop besoin d'eau pour retourner. Elle avance: un étranger! Que fait-il là? Les yeux baissés, elle se dirige du côté opposé: vite descendue, vite remontée, se dit-elle. Sa cruche remplie, elle n'a pas fait un pas qu'elle se fige sur place.

Il lui a parlé! Il demande à boire. Dieu sait qu'elle n'est pas prude, mais elle n'a jamais été aussi mal à l'aise. Il a beau être un chien de Juif, il sait bien que ça ne se fait pas d'adresser ainsi la parole à une inconnue. Que vont dire les gens si quelqu'un les surprend? Sûrement qu'elle perdra ce qui lui reste de réputation. Mais il n'a pas l'air dangereux. Et il a les traits tirés. Et la ville est loin. Et personne d'autre qu'elle pour lui donner à boire. Elle s'approche. Il boit. Il la regarde et lui demande si elle a soif. Quelle question! Elle a de l'eau plein sa cruche. Non, il voulait parler d'elle, sa vie, sa soif de bonheur. Elle tremble. Personne ne lui a jamais demandé si elle était heureuse.

Certes, elle a lu beaucoup de demandes dans les yeux des hommes. Elle a perçu le rêve, le désir, l'appel farouche. Ça lui plaisait. Et elle jouissait des regards noirs d'envie et de colère de ses voisines. Mais cette soif qui la dévorait de l'intérieur, ce vide qui lui donnait le vertige, cette aspiration à tout recevoir qui la poussait à se donner envers et contre tous, nul ne lui en avait jamais parlé. Sauf cet homme, cet étranger, ce Juif qui l'interroge sur la soif de sa vie. Elle est étourdie. Quoi ? Son mari ? Elle n'a pas de mari, ils l'ont tous abandonnée l'un après l'autre, une fois qu'elle n'avait plus de secret pour eux. Il l'avait deviné, qu'il lui dit. Seigneur ! c'est un prophète ! Que va-t-il penser d'elle ?

Vite, changeons de sujet. Parlons de choses sans conséquences. Parlons religion. Quel est le meilleur endroit pour rencontrer Dieu : votre montagne ou notre montagne ? Il sourit. Vient-elle de dire une sottise ? Il ne se laisse pas détourner. Dieu n'est pas à chercher ici ou là, mais au cœur de la soif qui la tenaille, et dans la rencontre d'un homme et d'une femme qui acceptent humblement d'avoir besoin l'un de l'autre. Tous deux ont soif. Et l'eau est de Dieu.

Elle ne sera plus jamais la même. Cet homme-là l'a aimée. Et elle l'aime, tout en douceur. Et Dieu est en elle. Sa soif sera toujours là, mais elle ne l'étanchera plus tout à fait de la même façon. Et elle s'en va. Sans peine. Sans regret. Sans jamais oublier. Elle allait chercher de l'eau. Elle s'est trouvée. Comment le dire aux autres maintenant ? À ceux-là qui la désirent, à celles-là qui la méprisent. Comment leur parler de leur soif d'eau qui n'est pas de l'eau ? Comment leur dire qu'ils auront beau grimper leur montagne au pas de course, et vivre leur religion au pied de la lettre, ils n'y rencontreront pas Dieu s'ils ne le reconnaissent pas d'abord dans leur soif ? Comment leur faire comprendre que pour se trouver il faut d'abord rencontrer l'étranger qui a soif au bord du puits ? Qui est-elle pour qu'on l'écoute ?

Mais on l'a écoutée. Ils sont plusieurs à être allés au puits, à l'avoir rencontré, lui, à l'avoir invité chez eux, à l'avoir entendu leur parler de leur soif. Et eux aussi ont changé. Pas parce qu'elle, elle leur avait annoncé la présence de l'homme au puits. L'eau dont il parle n'est pas affaire de parole, de montagne, de temple, de religion. C'est même une eau qui renverse les barrières entre les peuples, les compétitions entre religions, les jugements entre individus. C'est une eau qui coule en soi quand on y reconnaît l'œuvre de Dieu qui creuse la soif. Mais attention ! C'est la soif de midi, c'est une soif cruelle, douloureuse, humiliante. C'est une soif décapante.

Mais qui a goûté à l'eau qui l'étanche bénit sa soif.

5. Mort, pleurs et révolte.
Jn 11,1-44

> — *Si tu avais été là, mon frère ne serait pas mort.*
> *Elle était en pleurs. Lui a peine à parler, il est bouleversé, les larmes coulent, il doit s'éclaircir la gorge avant d'en arriver à prononcer un mot.*
> — *Lazare, arrive, sors de là!*

Quand il apprend la mort de son ami Lazare, Jésus semble réagir assez bien. Toutefois, arrivé en présence des parents et amis, en larmes, il se met à gronder et à pleurer lui aussi. Ce que voyant, certains n'hésitent pas à manier l'ironie. Au lieu de pleurer, pourquoi n'a-t-il pas empêché son ami de mourir?

Le récit sur Lazare en est un de réanimation située à l'extrême limite des possibilités de réanimation : l'odeur caractéristique de la mort s'est déjà installée. Sur ce fond de scène d'un retour temporaire à la vie, le texte offre une catéchèse chrétienne sur la résurrection. Et il laisse s'exprimer toute une série d'émotions qu'éprouvent les humains, et les croyants parmi eux, face à la mort.

Incompréhension : pourquoi Dieu permet-il la mort?

Faux espoirs : si on croit et prie assez, le malade ne mourra pas ou, plus tard, il n'est pas vraiment mort.

Culpabilité : si on avait assez cru et prié, il ne serait pas mort.

Souffrance : c'est bien beau de croire à la résurrection, mais ça ne comble pas la cruauté de l'absence.

Puis, réconfort, trouble, colère, pleurs, ironie.

Il est bon de voir le récit exprimer toutes ces harmoniques des émotions humaines. Cela, en effet, relativise nos pratiques entourant la mort. Non seulement cherche-t-on à écarter celle-ci de nos logements et nos maisons, mais on veut même éliminer peine, douleur ou révolte qui l'accompagnent tout naturellement.

« Il a fini de souffrir, il est bien mieux où il est. »

« Heureusement qu'on a la foi, sans elle on ne passerait pas à travers. »

« Ne pleurez pas, elle est ressuscitée. »

On donne l'impression que se révolter dénote un manque de foi ; pleurer, un manque de contrôle sur soi.

Or, dans le récit, Jésus grogne sa colère contre la mort, cette ennemie implacable qui lui a enlevé son ami. Il pleure de voir Marie pleurer. La mort, d'un côté, est certes chose normale et naturelle. Elle est la fin d'un organisme programmé pour ne vivre qu'un temps ; et elle permet le renouvellement de la vie, des institutions, de l'histoire. On a peine à imaginer le degré d'immobilisme qui frapperait nos sociétés humaines si la mort ne contribuait pas (quel paradoxe !) à les revivifier. Mais, en même temps, la mort est drame et scandale. À tout âge. Elle brise les familles, détruit les rêves, coupe les liens, fait sombrer dans le silence absolu la pensée et l'amour de tous les humains, les uns après les autres. Elle fait s'enfoncer l'humanité dans un océan de souffrances atroces. Les humains n'ont pas de plus grand ennemi qu'elle, qui les vainc les uns après les autres.

Aussi, hommes et femmes ont-ils raison d'être en colère vis-à-vis d'elle, de se scandaliser à son sujet, d'en vouloir même à Dieu qui, dans notre expérience de l'histoire, ne fait rien pour la contrer. À quoi cela sert-il d'avoir un Dieu, si la mort a toujours le dernier mot ? Comment arriver à espérer la vie dans l'au-delà, si la mort l'engloutit toujours ici-bas ? Il est bon de rager, il est bon de pleurer, il est bon d'en vouloir à Dieu, il est bon de faire le tour des mille raisons toujours disponibles pour ne pas croire ni espérer.

Car c'est seulement sur ce fond de scène qu'un jour, sans qu'on sache comment ni pourquoi, la petite confiance peut naître.

Celle-ci, en effet, ne pousse que dans un terreau de menaces, de craintes, de peurs, de désespoir. Un terreau arrosé de larmes et remué de colère. Un jour, une petite voix se fait entendre : aie confiance. Petite voix qui se tait très vite, car la confiance ne survivrait pas aux évidences et aux certitudes.

A-t-on raison de faire confiance ? Nul ne le sait, surtout pas ceux qui parlent avec assurance.

Faut-il cesser de pleurer et d'en vouloir à Dieu ? Surtout pas, la confiance ne pourrait plus grandir.

Est-ce se faire illusion que d'espérer ? La petite confiance répond : non.

Qui d'autre écouter ?

6. Sacré sang.
Mc 5,21-43

> *Le sang de ses règles coule depuis douze ans. Il est interdit de la toucher, même à son mari. Et, rien à faire, cela va de mal en pis. Elle apprend que Jésus est là. Interdit ou pas, elle fend la foule, elle s'approche par-derrière, elle le touche.*
> *Lui sent une décharge sortir de lui. Il se retourne, elle avoue.*
> > *Heureusement que tu as eu confiance. Tu es maintenant guérie.*

Marc aime imbriquer deux récits l'un dans l'autre, l'un expliquant l'autre. Dans le texte qui nous intéresse aujourd'hui, le plus important des deux est celui du centre, même si, à première vue, il apparaît moins spectaculaire que celui qui l'encadre.

Semblable à la fillette âgée de douze ans, la femme affligée d'une perte de sang est comme morte. Il ne s'agit plus d'une femme debout, car la maladie l'a rendue affaiblie, prostrée. Sans parler du reste, la terrible solitude et l'agressivité que lui manifeste son entourage. Pourquoi ? À cause du sang, voyez-vous. Le sang qui rend les hommes mal à l'aise. Sang des menstruations, sang de la naissance, sang de la vie. Sang sacré qui, chaque mois, ou à la suite de chaque naissance, rend la femme inapprochable pour son entourage. Y compris son mari. Sang qui la transporte dans le domaine du sacré, avec ses vêtements, les objets qu'elle touche, les choses dont elle se sert. Et douze ans que ça dure. Douze ans qui l'ont rendue morte, comme la fillette. Douze ans de solitude, de vie de couple brisée, à endurer les pires soupçons dans les regards des siens. Qu'a-t-elle donc pu faire pour être punie à ce point ?

Et, un jour, la confiance s'empare d'elle. Jésus, dont elle a tellement entendu parler, est dans les environs. C'est son dernier recours. Serait-il possible que son grand pouvoir à lui, conjugué à sa grande confiance à elle, puissent... Elle décide d'aller le voir. Mais elle ne veut pas s'humilier devant lui ; elle l'a déjà trop fait, devant trop de médecins, et son état n'a fait qu'empirer. Et elle ose ce qu'elle n'a pas le droit d'oser. Elle le touche. Une femme n'a pas le droit de toucher un autre que son mari. Une femme au temps du sang n'a même pas le droit de toucher son propre mari. Mais elle ose. Elle le touche. Il le sent. Il s'étonne. Elle avoue. Il ne s'en fait pas avec l'impureté qu'elle lui a communiquée et il reconnaît que c'est sa confiance qui l'a guérie. Et il la renvoie chez elle, en paix.

Ici, un mot s'impose sur l'impureté de cette femme. Il s'agit bien d'une impureté rituelle, et non morale. Or, dans ce cas, le langage traditionnel est trompeur. Vous souvenez-vous de l'expression suivant laquelle le prêtre, à la fin de la messe, « purifie » le calice ? En quoi le calice est-il impur ? « Impur », dans ce contexte, signifie que la coupe a basculé dans le domaine du sacré ; « purifier » veut dire rendre de nouveau apte à l'usage profane. En ce qui concerne la vie de couple, la femme, au temps du sang est identifiée au sacré ; elle a donc besoin d'être « purifiée » après ses menstruations ou la naissance d'un enfant, afin de pouvoir à nouveau avoir des relations sexuelles avec son mari, et des liens normaux avec son entourage. C'est un des paradoxes de l'histoire que certaines Églises tiennent éloignées du sacré celles que la nature y entraîne régulièrement.

Sœurs lectrices, permettez-vous à un homme de s'émerveiller devant ce texte ? Il est tellement conforme au dynamisme de fond qui habite Jésus. Remarquez que le récit ne mentionne pas le nom de Dieu. Jésus n'est pas décrit en train de faire acte de religion. Il est même en lutte contre un effet pervers d'une pratique religieuse de son époque : celui de briser les relations humaines ordinaires et, en particulier ici, d'interdire les relations sexuelles normales à l'intérieur d'un couple. Mais il ne s'attaque pas directement à la législation ou aux responsables de sa promulgation. Il reconnaît simplement la puissance de la confiance de cette femme, vraie responsable de sa guérison. Et il va son chemin. Certain que son Dieu qu'il révère se réjouit de son attitude, ainsi que de la dignité et de la vie que cette femme a retrouvées. Car il n'est pas un Dieu de morts, mais de vivants (Mc 12,27).

7. Déchirant.
Lc 17,11-19

> *Ils se tiennent à distance. Ils n'ont pas le droit de s'approcher.*
> *Ce sont des lépreux, neuf sont du pays, un vient d'ailleurs.*
> *— Jésus, fais quelque chose pour nous.*
> *— Allez trouver un prêtre, il vous examinera.*
> *Ils partent. En route, ils se rendent compte qu'ils sont guéris.*
> *L'étranger revient remercier Jésus.*
> *— Les dix n'ont-ils pas été guéris ? Où sont les autres ? Seul l'étranger est revenu ?*

Difficile de lire le texte de Luc sur la guérison de dix lépreux sans ressentir un certain déchirement. Souffrir de la lèpre à l'époque, c'est vivre un terrible isolement. La protection de la société exige, en effet, qu'on mette en quarantaine les gens contagieux. Si la maladie est une épreuve effrayante, vivre coupé des siens représente peut-être la pire des pauvretés. Ils sont donc dix à partager ainsi la condition des rejetés de la société. Et seuls les prêtres sont alors habilités à se prononcer sur les questions de mise en quarantaine ou de réintégration sociale.

Les dix vont donc voir Jésus, qui les renvoie aux officiels du temple. En route, ils se trouvent guéris. La guérison elle-même tient peu de place dans la narration. Dans le récit, elle sert pour ainsi dire de prétexte à ce qui suit. Des dix qui ont retrouvé la santé, neuf sont des compatriotes de Jésus et l'autre, un Samaritain : un étranger, un hérétique, un frère dissident, un homme qui considère le temple de Jérusalem comme illégitime. Le Samaritain représente l'autre par excellence. Il est encore plus menaçant que le païen. Ce dernier, en effet, est tellement différent qu'on peut facilement s'en distinguer, tandis que le Samaritain, c'est le semblable différent, le soi-disant frère, fils d'Abraham et héritier de la Loi de Moïse, qui interprète les choses autrement. Les humains se sentent souvent davantage menacés par la petite différence de qui leur ressemble que par l'étrangeté de qui a de tout autres façons de vivre.

Et c'est là la racine du drame, la cause du déchirement, l'explication de la souffrance qui traverse ces mots, trois questions qui disent toute l'incompréhension de nos frères et sœurs de jadis :

Les dix n'ont-ils pas été guéris ? Où sont les autres ? Seul l'étranger est revenu ?

Le récit est rédigé quelques décennies après la mort de Jésus. Le christianisme, qui a commencé à Jérusalem, s'est vite répandu en dehors des frontières de la Judée ou de la Galilée, notamment en Samarie (Ac 8). Et, en très peu de temps, c'est la surprise. Malgré tout ce que le Nazaréen a fait jadis pour les siens, malgré les merveilles que le christ continue à faire pour eux, la foi stagne en Judée et en Galilée tandis que les Samaritains s'y reconnaissent de façon massive. Leur foi les sauve. Mais où sont les neuf ? où sont les nôtres ? sommes-nous condamnés à être minoritaires dans l'Église ? C'est nous les authentiques descendants d'Abraham et de Moïse, et Jésus était des nôtres. Que se passe-t-il donc ?

La souffrance est vive, l'incompréhension profonde. Nous serait-il permis de nous y reconnaître ? Nous, les humains, sommes gens d'habitudes. Nous aimons nous retrouver dans nos choses, nos façons de faire ou de penser. Et, en monde religieux, nous les faisons facilement approuver par Dieu. Ceci est irréformable, cela est irrévocable, voici un dogme éternel, voilà une vérité infaillible. Nous nous attachons à nos idées et nous rendons ainsi difficile d'accepter le réel. Oserai-je quelques exemples ?

Comme jadis, la foi est aujourd'hui donnée là où nous ne l'attendons pas, ou à des gens qui ne savent même pas qu'ils l'ont. Parce que les discours courants sur Dieu ou Jésus leur répugnent, ou que le visage de l'Église leur est absolument étranger. Jeunes qui s'opposent aux façons qu'ont les grands de gérer le monde et aux forces de l'ordre qui sont à leur service. Jeunes adultes qui tiennent à bout de bras combien d'organismes communautaires et qui, jadis, auraient fait vœu de pauvreté, alors qu'aujourd'hui ils la vivent en acceptant de militer avec des salaires de famine. Sans parler de toutes celles-là, de tous ceux-là, qui pensent avoir quitté l'Église et en sont au cœur, dans la solitude de leur quête de Dieu. Ou de cette multitude de juifs, de musulmans, de bouddhistes ou même d'athées, tenaillés par la foi, mais incapables de la reconnaître parce que ne sachant pas encore qu'elle ne les appelle pas à devenir chrétiens, mais simplement à vivre de Jésus là où ils sont, avec les frères et les sœurs qui leur sont donnés.

Alors, les neuf, où sont-ils? Les églises sont vides, il faut en vendre ; on manque de prêtres, il faut en importer ; les communautés religieuses sont vieillissantes, prions pour les vocations. Mais le dixième est déjà là : l'Église est pleine hors les murs, suffit de regarder ; il n'y avait pas de prêtres au temps du Nouveau Testament, suffit de s'en passer ; il y a moins de religieuses, suffit de voir que leurs œuvres se font toujours, mais autrement.

Tout cela est déchirant, il est vrai. Mais la vie est à ce prix.

8. Il en resta perplexe.
Récit inspiré de Mc 6,1-6

> *Enfin ! il est de retour dans son village. Mais on le regarde de travers. Qu'est-ce qu'il lui a pris de se mettre à dire n'importe quoi et à jouer au guérisseur ?*
>
> > *On le connaît. C'est l'homme-à-tout-faire. Le fils de la Marie. On sait qui sont ses frères et ses sœurs. C'est louche tout ça.*
>
> *Lui n'en revenait pas. Pourquoi ne lui faisaient-ils pas confiance ?*

Après avoir quitté le Baptiste, il avait fait comme son maître, restant même dans le sud du pays, en invitant les gens à se plonger dans l'eau pour signifier leur intention de changer de vie. Désormais, ils s'opposeraient aux décisions des grands qui opprimaient leur peuple. Et ils le feraient sérieusement, en partageant avec les gens dans le besoin. Mais, un jour, sans qu'on sache trop pourquoi, il abandonna cette façon de faire. Montant au nord, en évitant toutefois son village, il alla au plus pressé : refaire la santé de celles et ceux que leur misère détruisait, ranimer leur espérance, respecter la dignité de qui l'avait perdue.

Ce n'est qu'après s'être consacré un certain temps à cette tâche qu'il se décida à retourner à Nazareth, pour la première fois depuis sa rencontre avec Jean. Le jour du sabbat, il se rendit participer à l'assemblée. Tout le village s'y trouvait réuni. Pendant les discours officiels ou les lectures en hébreu qu'un interprète traduisait à mesure, en araméen, les gens se parlaient. Il entendit les dernières nouvelles sur la concurrence dans la course aux taxes entre la nouvelle ville de Tibériade et Séphoris, sur les dernières saisies de fermes, sur les morts et les naissances, ou les éternels litiges sur les limites des champs. Il salua beaucoup de connaissances. Il devinait qu'on voulait savoir s'il avait l'intention d'exercer à nouveau son métier. Mais il n'était pas venu pour s'expliquer.

À un certain moment, il s'en trouva quelques-uns, réunis autour de lui, à lui demander si la rumeur était juste, si c'était vrai qu'il avait guéri des gens, et ce que cela voulait dire. Sans s'étendre sur les guérisons elles-mêmes, il mit plus de passion à en exprimer le sens. Ce n'était pas normal que des étrangers règnent sur la terre du peuple de Dieu. Avec les chefs de Jérusalem à leur service, ils étranglaient les gens, leur faisaient perdre leurs fermes et les rendaient malades de désespoir. Un jour, très bientôt, les choses changeraient. Dieu lui-même s'en venait régner sur les siens. Tenez bon, il arrive. Et il retourna chez lui.

Il apprit un peu plus tard, sans surprise, la réaction du village. On ne lui pardonnait pas son départ, même sa propre famille ne le lui pardonnait pas. Le charpentier d'un village a autre chose à faire dans la vie que de jouer au médecin. Un homme du peuple doit rester à sa place et laisser à d'autres l'art d'aligner les mots. Un aîné est chargé de remplacer son père auprès de ses frères et sœurs : quel sens cela a-t-il de s'occuper des autres qui ont perdu leurs biens en délaissant sa responsabilité première qui est de veiller sur sa propre famille ? Mais ce qui lui fit le plus mal, c'est qu'on l'avait encore appelé *le fils de la Marie*. La vieille blessure, qu'il pensait avoir refermée depuis longtemps, s'était rouverte. On connaît bien ta mère, mais pour ce qui est de ton père... Tout le travail qu'il avait dû faire pour se respecter lui-même, recevoir l'amour de son père et de sa mère, se convaincre d'être aimé de son Père de là-haut ! Il s'éprouvait encore fragile. C'était bien pour lui d'abord qu'elle valait la parole qui lui était montée aux lèvres il n'y avait pas si longtemps : « Je te rends grâce, Père, d'avoir révélé cela aux tout-petits. »

Il avait surtout peine à comprendre. Les gens de son village n'étaient pas du grand monde. Ils étaient de petites gens comme lui. Ils étaient victimes des grands comme lui. Le Règne de Dieu venait pour eux. Pourquoi le rejeter, lui, alors qu'il œuvrait pour tous ceux qui leur ressemblaient ? Il acceptait, il le fallait bien, le refus de ceux qui détenaient le pouvoir. C'était chose normale. Il leur reprochait rudement de pactiser avec l'armée d'occupation, et d'écraser le petit peuple sous le poids des taxes ou de leur enseignement. Qu'ils lui en veuillent n'était que juste retour des choses. Mais les siens, les gens de son village, sa famille même ? Cela n'avait aucun sens. Et il ne pouvait rien faire pour eux. Comment guérir quelqu'un qui n'a pas confiance ? Il partit perplexe. Et lui, pourtant connu depuis le début, sous le nom de Nazaréen, qui a rendu son village célèbre pour toujours, ne revit plus jamais sa patrie.

9. Le peuple n'a pas de gouvernant.
Mc 6,30-34

> *Ses partisans reviennent fatigués de leur tournée. Et il y a tellement de monde autour que personne ne prend le temps de manger. Il les emmène donc en barque dans une petite crique. Mais les autres les ont précédés, à pied, et les attendent. Il est désolé.*
> *Le peuple n'a personne pour prendre soin de lui.*

Le peuple n'a pas de gouvernant. Cette leçon, que son expérience allait lui faire vérifier, Jésus l'avait apprise du Baptiste, ce même Baptiste, et ce n'est pas un hasard, dont Marc vient tout juste de raconter l'assassinat par Hérode Antipas. C'est Jean qui lui avait fait découvrir les magouilles du pouvoir. Ils s'étaient tous unis pour imposer au peuple des taxes qui rendaient le pays exsangue, misère rendue encore plus insupportable par les refrains officiels: attention! il ne faut pas mécontenter les Romains! ou bien: ce n'est pas de gaieté de cœur que nous vous imposons cette taxe, mais, que voulez-vous, il faut bien contribuer à la gloire du temple! Dieu allié aux Romains pour affamer les gens! le Baptiste en étouffait d'indignation. Avant de quitter temporairement sa Galilée, il avait bien perçu les effets de ces collusions perverses, mais sans trop en comprendre les causes. Le Baptiste lui avait ouvert les yeux. Ça ne pouvait plus continuer ainsi.

Il faut que Dieu vienne régner, lui seul peut desserrer l'étau étouffant de l'occupant et de ses alliés de Jérusalem. Et ce règne ne s'exercera pas par l'entremise d'un roi davidique porté à tout centraliser à Jérusalem, mais provoquera un retour au mode ancestral de gouvernement. Douze leaders proches de leur peuple, un par tribu: finie la mainmise du Sud sur sa Galilée, enfin la libération! Et lui de proclamer son espérance, et de la faire annoncer partout. Douze, voilà bien le nombre de ses partisans qu'il a choisis, formés, enseignés, envoyés proclamer, tant en gestes qu'en paroles, le changement radical qui s'en vient. Il leur a donc demandé de partir chasser les démons, comme lui-même avait chassé la légion de démons dans le troupeau de cochons qui s'était jeté à l'eau. Oui, l'occupant va bientôt être expulsé du pays, le Règne de Dieu est proche.

Ils reviennent à peine de leur tournée, épuisés, affamés. Ils sont devenus comme leur peuple, comme cette foule qui les entoure, les presse, ne leur permet même pas de se restaurer. Voyant leur état, il les sort de là par bateau. Pour être aussitôt poursuivi par ce pauvre monde qui court autour de la baie l'attendre sur l'autre rive. Il en a l'intérieur tout remué. Ces gens n'ont pas de gouvernant pour prendre soin d'eux. Il faut bien faire quelque chose pour cette foule affamée, les Douze eux-mêmes s'en rendent compte. Mais pour en conclure qu'il faut de toute urgence envoyer ces gens se restaurer dans les villages environnants. Il n'en revient pas de tant d'inconscience : *Mais c'est à vous de leur donner à manger !* Un cri du cœur. Après tout, ils sont les Douze, chargés d'annoncer la venue de douze authentiques leaders, chargés de veiller sur leur peuple. À eux de faire leur travail. Et lui de leur montrer comment procéder. Et de veiller à ce qu'il reste bien douze corbeilles de nourriture. Pour un vrai dirigeant, la tâche de nourrir son peuple est toujours à reprendre. Dieu veuille qu'ils comprennent la leçon et qu'un jour le peuple soit enfin dirigé.

L'humble manœuvre de Nazareth, il faut se le rappeler, non seulement s'est toujours refusé à être considéré comme un prétendant royal, mais a institué les Douze pour annoncer la fin de la royauté et ne s'est même jamais inclus dans ce groupe. Sans doute voulait-il garder sa liberté d'action et de parole. Il n'a pas changé de mentalité en recevant de son Père le don de la seigneurie. Il reste en guerre contre les soi-disant dirigeants qui écoutent d'autres voix que les cris de leur peuple. Il reste scandalisé par le fait qu'aujourd'hui, comme jadis, le peuple n'a pas de gouvernant. Peuple de l'humanité ou peuple de l'Église. *Renvoie-les pour qu'ils aillent s'acheter de quoi manger*, c'est la réaction de tous les gouvernants. Au dire des uns : nous n'avons plus les fonds pour leur assurer le minimum vital, l'éducation, la santé : mondialisation oblige. Ou au dire des autres : nous ne sommes pas autorisés à répondre aux cris de nos fidèles, au désespoir des chrétiennes, à la soif de Dieu, au vide des églises : obéissance au système oblige. Que diront-ils quand il leur reprochera amèrement de ne pas lui avoir donné à manger quand il avait faim ?

Comme son peuple, le seigneur ne trouve pas de gouvernant pour en prendre soin.

10. Dieu est partout.
Mc 6,30-34

Ses partisans sont fatigués et ont faim.
— Venez, nous allons trouver un endroit tranquille où vous reposer.

Les disciples reviennent d'une tournée difficile. Jésus les avait envoyés prendre la relève. Et ils ont expérimenté la misère de leur peuple. Taxé par les grands prêtres. Taxé par Hérode. Taxé par les Romains. Il était bien beau, le temple, dont la construction s'achevait à Jérusalem. Elle était bien belle, la nouvelle ville édifiée par Hérode Antipas. Elle était colossale, entendait-on dire, la Rome impériale. Mais toutes ces beautés étaient dues, pour une part, au pillage des ressources de la Galilée. Et on sait les conséquences de la pauvreté : chômage, banditisme, maladies, dépressions. Les disciples revenaient fiers du travail accompli mais abattus. Les pieds endoloris par la marche, ce qui n'est rien comparé aux épaules courbées par le poids de la misère.

Ils sont fatigués. Ils ont faim (ils n'ont pas tellement mangé, ça se comprend, au cours de leur tournée). Mais, surtout, ils en ont assez de voir du monde. Ils sont tannés de porter la misère des autres. Ils n'en peuvent plus de voir et d'entendre les supplications, sans pouvoir y faire grand-chose. Ils désirent se retrouver seuls, entre eux. Ils ont à se refaire. Ils voudraient manger tranquillement, sans sentir peser sur eux les regards de gens affamés. Comprenant ce qu'ils éprouvent, Jésus les entraîne vers un endroit isolé. En barque, les copains, on s'en va de l'autre côté.

Mais les gens ne sont pas fous. Les gamins, surtout, ont dû comprendre les premiers. C'est la course autour du fond de la baie. Une longue file mouvante, qui se range en comité d'accueil à l'arrivée. Et qui attend. Patiemment, silencieusement, sans doute consciente de faire monter la pression. Lui, il aurait pu s'impatienter. Après tout, c'est lui qui venait de se faire bousiller son initiative. Une bien belle idée que celle de se retirer dans un coin isolé. Mais on n'est jamais seul quand on a accepté d'être responsable de quelqu'un. Or, il avait accepté d'être responsable de son peuple. Et il n'était pas homme à projeter sur les autres ses insatisfactions à son propre égard. Il aurait dû comprendre que les besoins des gens étaient plus grands que ceux de ses copains. Ils étaient comme un troupeau sans berger. Or, un troupeau sans berger est désorienté, car il n'a personne pour le guider. Un troupeau sans berger a faim, car il n'a personne pour le mener à la nourriture. Et quand un troupeau s'est reconnu un berger, il n'y a rien pour l'en séparer.

Une toute petite scène, qui dit tout l'évangile. Une toute petite scène, qui est de tous les temps. Et qui est donc bien à l'aise, malgré les apparences, dans notre monde de globalisation, de mondialisation et d'urbanisation. En effet, cette scène ne se passe pas parmi les grands, mais là où se souffrent les effets de leurs prises de position. Elle se situe loin des grands centres de décisions financières, politiques, sociales, religieuses. Elle fait revivre ce qu'ont toujours vécu tous les peuples de tous les temps. Ils n'ont jamais eu de gouvernants, parce que leurs gouvernants ont autre chose à faire que de s'occuper d'eux. Ils ont des déficits à combler, des constructions à ériger, des systèmes à défendre, des fêtes à célébrer. Et ceux qui se veulent sensibles à la misère de leur peuple sont bien fragiles face à tant de souffrance. Si au moins, pensent-ils, Dieu y mettait un peu du sien.

Avez-vous remarqué, perspicaces lecteurs, l'absence de toute mention de Dieu dans ce texte ? Pourtant, même s'il n'y fait rien, à sa manière il y est très présent. Et de multiples façons. Il est partout où un peuple n'a pas de gouvernement pour veiller sur lui. Partout où un peuple a faim. Partout où des intervenants n'en peuvent plus de côtoyer la misère. Partout où un être humain se sent responsable du désarroi des autres. Et, présent de cette façon, il a tout dit ce qu'il avait à dire, tout fait ce qu'il avait à faire. À celles et ceux qui l'ont ainsi rencontré de prendre la relève. Est-ce le temps de partir en tournée ? Est-ce le temps de se reposer ? Est-ce le temps de partager et de s'expliquer ? C'est leur problème. Le Discret, quant à lui, est déjà ailleurs. C'est-à-dire partout où un peuple n'a pas de berger.

    C'est pourquoi on dit que Dieu est partout.

11. Lui était de Nazareth, elle, de Magdala.
Récit inspiré de Mc 6,46

Enfin seul, il s'en alla dans la montagne pour prier.

Il avait renvoyé tout le monde et était parti sans bruit. Du plateau, on devinait le lac derrière la légère brume. Emmitouflé jusqu'au nez dans son manteau, qui sentait encore Nazareth, il jonglait. Rien n'est jamais réglé dans la vie. Le test qu'il avait passé dans le désert de Judée ne pouvait être le dernier. Il lui fallait refaire cet éprouvant aller-retour dans le tourbillon qui l'entraînait loin au-dedans, là où il devait descendre pour trouver son chemin, après avoir laissé les mots à la porte de soi.

Avant, il s'était donné à son travail. Les forces de Joseph faiblissaient. C'était maintenant lui le charpentier du village, le chef de famille. Vie tranquille, jusqu'au jour où il avait entendu parler du Baptiste et senti en lui le besoin, non, la nécessité de partir à sa rencontre. Le Baptiste lui avait présenté une autre voie, et le tourbillon l'y avait entraîné. Il pensait bien avoir alors tout décidé de son avenir. Avec ses partisans, il préparait bien le Règne de Dieu, ravivait l'espérance des pauvres gens, était serein à orienter toutes ses énergies vers ce grand futur qui s'en venait. Le pire qui pouvait arriver, c'était de subir le sort de Jean. Mais on doit mourir heureux quand on meurt à faire ce qui est bien. Heureux ceux qu'on poursuit parce qu'ils sont fous de justice, avait-il dit un jour. Que pouvait-il craindre de la vie ?

Elle s'appelait Marie. Elle était de Magdala. Quand on l'avait conduit chez elle, il l'avait trouvée à l'article de la mort. Et ce jour-là, comme en certains autres, il avait senti monter en lui comme un surcroît de vie à faire peur, une sorte de bouillonnement qu'il ne pouvait garder enfermé. Quand ça arrivait et qu'il rencontrait quelqu'un animé d'une grande confiance, il se produisait des merveilles. Or, la confiance de Marie, c'était quelque chose à voir. Cette femme-là, c'était la confiance faite femme. Il l'avait donc guérie sur-le-champ.

Quelques jours plus tard, il la voit arriver avec son baluchon. Elle s'en venait rejoindre ses partisans. Impossible de la raisonner, il ne s'y essaya même pas. Elle avait une force tranquille qui semblait dire : ma vie était finie, si elle m'a été redonnée, c'est pour la vivre ici. Avec les semaines, quelques autres la rejoignirent. Il était bien au courant du scandale que tout cela causait. Mais il n'avait même pas présenté le cas à son tourbillon. Il savait d'avance la réponse. Depuis le scandale de son entrée dans la vie, la ligne était claire. Et puis, il l'appréciait. Elle semblait le deviner de l'intérieur. Avec elle, il n'avait rien à expliquer. Autant les hommes avaient besoin de réponses à leurs questions, autant elle l'appuyait simplement à le regarder.

Voilà donc pourquoi il était monté dans la montagne cette nuit. Il avait rencontré son regard la veille et avait tremblé jusqu'au tréfonds. Il venait de comprendre tout ce que leur regard portait d'appels, de questions, d'espoir. Il lui fallait risquer d'aller au fond de lui, elle le méritait bien.

Il s'y retrouva à la fois triste et heureux. Il voyait qu'il avait bien fait de dire oui à Jean. Il n'y avait plus de retour possible à Nazareth, quelle que soit la peine qu'en ait sa mère, l'amertume qu'en éprouvent ses frères et ses soeurs. Il ne pouvait pas regarder en arrière. Une fois qu'on a vu la misère de son peuple, on n'a pas le droit de s'en détourner. Il devait prendre sur lui les maladies des siens et leur détresse. Il devait condamner la lâcheté des pasteurs, desserrer l'étau dans lequel Rome et Jérusalem enfermaient les gens de sa Galilée chérie. Il appartenait à son peuple. Il était le pain de leur vie. Et s'il mûrissait bien son projet de monter un jour à Jérusalem pour lui annoncer la destruction de son temple sacré, il lui fallait envisager de partager le sort de Jean. S'étant tout entier livré à son peuple, il n'avait plus rien à donner à Marie. Et s'il reculait pour elle, il savait bien que serait rompu ce qui les unissait. Ils ne pouvaient vivre ensemble que séparés.

Sa nuit se passa à laisser joie et tristesse tourbillonner en lui, l'une entraînant l'autre dans une ronde interminable. Quand la nuit se mit à pâlir, il descendit vers les siens. Il savait que Marie avait passé sa nuit à elle les yeux grands ouverts.

Il savait qu'elle savait.

12. Dieu contre Dieu.
Mc 7,1-23

> — *Tes partisans ne se purifient pas comme il faut, avant de manger.*
>
> — *Bande de comédiens! Vous ne voyez pas que vous êtes toujours en train de mettre les directives de Dieu de côté et de les remplacer par vos propres façons de faire? Je vous donne un exemple: à l'encontre du commandement, vous utilisez un tour de passe-passe pour ne pas avoir à prendre soin de vos vieux parents. Ce qui pervertit un être humain, ce n'est pas de prendre de la nourriture d'une main qui n'a pas été lavée selon les règles, mais de se laisser diriger par le mal qui grouille au fond de soi.*

Il est tentant de considérer comme dépassée la controverse sur la tradition des anciens. Fruit d'un vieux réflexe, d'ailleurs, selon lequel Jésus avait bien raison de s'attaquer au judaïsme de son temps, puisque celui-ci était devenu sclérosé. Vieux et bien commode réflexe, qui nous fait envisager les prises de position de Jésus comme visant le seul passé, et nous sort de sa visée. Mais réflexe très critiquable.

Jésus, bien sûr, visait les institutions de son époque. Mais, de fait, il n'atteignait pas qu'elles. Sa critique était tellement fondamentale qu'elle montrait les tentations permanentes de toute religion ou institution destinée à traverser les siècles. Le texte de l'évangile, parce qu'il est actuel, nous force donc à examiner notre propre comportement religieux.

Jésus oppose visée de Dieu et tradition des humains. Ce qu'il recherche, c'est l'adéquation entre l'intention profonde de la législation et sa formulation. Or, tout libellé est humain. Dès qu'une loi est formulée, elle devient tradition, expression passée de la façon dont des humains comprenaient le vouloir de Dieu. De là le problème: Dieu contre Dieu. Dieu, qui veut se dire dans une histoire en mouvement, cherche continuellement à défaire les expressions passées de sa volonté dont il a lui-même provoqué les formulations. Ou bien parce qu'elles ne sont plus adaptées, ou qu'elles sont devenues mal comprises, ou qu'elles masquent l'essentiel.

Dieu contre Dieu. Enfants de Dieu contre enfants de Dieu. Le débat est permanent. Et personne pour arbitrer. On voudrait bien crier vers Dieu, comme Job, le tirer dans l'histoire humaine, lui intenter un procès, le forcer à se justifier, le faire se prononcer une fois pour toutes. Mais c'est évidemment chose impossible, car cette parole souhaitée de Dieu, une fois dite, serait déjà chose du passé et le débat recommencerait. Dans l'histoire, une parole de Dieu intemporelle, inchangeable, irrévocable, valable pour tous les temps et toutes les cultures, est impossible. Pourtant, les humains aspirent à la sécurité, à la certitude, à l'éternité et à l'absolu pour contrer la mobilité du temps et la dégradation des choses et des institutions. Grande est donc la tentation de trancher le nœud gordien : l'Église durera à jamais et son institution est immuable, elle a les paroles de la vie éternelle, le Pape a toujours raison, ou le Pape n'a jamais raison, ou je ne me fie qu'à ma conscience, ou je m'aligne sur mon réseau, mon groupe, ma communauté, mon gourou, ma tireuse de cartes, mon horoscope, ou que sais-je. Qu'importe l'autorité, pourvu que j'aie la certitude d'avoir raison et que je n'aie pas à porter la responsabilité de choix toujours à refaire ou à l'issue toujours incertaine.

Et l'évangile de continuer à opposer la visée de Dieu à la tradition des anciens. Et le conflit de se poursuivre.

— Selon notre tradition, l'Église n'est pas une démocratie, la critique est défendue, la hiérarchie proclame la vérité et le reste des troupes se doit de la transmettre.
— Vous voyez ça où dans l'évangile ?

— Selon notre tradition, les femmes sont exclues du sacerdoce.
— Qui vous dit que le christ, le vivant de maintenant, les exclut, lui?
— Selon notre tradition, les dogmes sont incontournables.
— Même quand le peuple de Dieu ne les comprend plus?
— Selon notre tradition, l'institution de l'Église est inchangeable.
— Même si, telle qu'elle est, l'institution nuit à la tâche qui est confiée à l'Église?

Et personne ne peut mettre fin à ce débat. Dieu contre Dieu. Gens de Dieu contre gens de Dieu. Référence aveugle au passé contre discernement.

Un rappel: Il aime le chaud et le froid, mais pas le tiède (Ap 3,16)!

13. Pardon ?
Mc 7,31-37

> *Ça se passe à l'étranger. On lui amène un malentendant, qui parle à peine. Peut-il faire quelque chose pour ce pauvre homme ?*
> *Il le prend avec lui. Ils s'éloignent un peu. Il lui plante ses doigts dans les oreilles. Il se crache dans les mains et lui frotte la langue. Et il se plaint vers le Ciel. Puis il s'adresse au malade :*
> *Allons ! Débouche-toi !*
> *Le temps de le dire, les oreilles laissent passer les sons, la langue s'assouplit, il parle !*
> *On n'en revient tout simplement pas.*

Marc situe la scène en territoire païen. Dans les évangiles, c'est souvent Jésus qui prend l'initiative de faire une guérison. Pas ici, non plus que dans le récit précédent, où une Palestinienne lui avait forcé la main, l'obligeant presque à son corps défendant à guérir sa petite fille. En territoire étranger, on le sent moins porté à prendre les devants. Mais le pauvre homme qu'il a devant lui serait bien incapable de lui dire ce qu'il veut. Il entend à peine et n'arrive pas à se faire comprendre. Ils sont là autour, à supplier Jésus de poser la main sur lui. C'est puissant la main d'un guérisseur, c'est par là que le courant vital passe. Il accepte, mais pas de voyeurisme. Il le prend avec lui, à l'écart. Et il se met au travail, un sens blessé, ça ne se répare pas tout seul. Et il lui met les doigts dans les oreilles, pour les ouvrir toutes grandes. Et il se crache dans les mains, pour lui mettre de la salive sur la langue. La salive, ça guérit. Et il regarde en haut, scandalisé que Dieu laisse faire tant de mal. Et, touché au cœur, il descend en lui-même, à la rencontre de sa force de vie, et il gémit sa souffrance, et il commande à la vie d'arriver. Faut que ça s'ouvre, tout ça. Et ça s'ouvre. Et l'homme, qui était à la merci des autres, peut maintenant leur parler d'égal à égal. Un problème de réglé. C'est bon, la santé d'un homme. C'est bon, un païen guéri. C'est très bon, un homme isolé qui retrouve la communauté humaine. Mais le vrai problème demeurait, tout entier.

Ce problème, c'est Marc qui nous le présente. Un peu plus tôt dans le récit, les disciples ne comprenaient rien (7,17-18). Un peu plus loin — Jésus est bien obligé de le leur dire —, bien qu'ils disposent d'yeux et d'oreilles, ils ne voient et ne comprennent rien (8,18). Lui a beau ouvrir les yeux des gens, leur déboucher les oreilles, ça ne donne rien. Oh! ça donne bien quelque chose, il se trouve des malades maintenant guéris. Et quoi de plus important pour eux? Mais ce qu'il fait n'est qu'une goutte d'eau dans l'océan. Il passerait sa vie à guérir des gens vingt-quatre heures par jour, que le problème ne serait pas réglé. C'est tellement évident! Comment se fait-il que même ses disciples ne comprennent pas?

Le problème, c'est le système. D'un côté, tout le monde crie pour que ça change, et de l'autre tout le monde agit pour que ça reste pareil. Marc l'a bien compris. En 6,30-44, il montre Jésus multipliant les pains pour son peuple; en 8,1-9, même geste pour les païens. Puis, il met en scène un Jésus qui, en barque avec ses disciples, s'étonne qu'ils ne comprennent pas ce qu'il vient de faire (8,14-21). Pour eux, il n'y avait rien à comprendre, tout était clair. Les gens avaient faim, Jésus les avait nourris, beau geste, heureuse chose, à la prochaine! Il ne leur viendrait pas à l'idée de se demander pourquoi les gens n'ont pas à manger. Ou, si l'idée les effleure, ils s'empressent de la remplacer par une autre. En effet — c'est dérangeant de le voir —, les gens n'ont pas à manger parce que l'Empire les affame. Et pour les affamer, l'Empire a besoin de gens sur place pour drainer les ressources du pays, pour acculer les gens à la faillite, pour rendre les hommes malades de culpabilité parce qu'ils ne peuvent nourrir leur famille, et les femmes malades du désespoir de voir leurs enfants dépérir. Et certains perdent la vue, incapables de supporter ce carnage quotidien. Et d'autres se réfugient dans la surdité pour ne plus entendre le choc de la terreur. Et certains cherchent des guérisseurs pour guérir ce pauvre monde. Ils ne veulent pas voir que le pain pourrait être là pour tout le monde, le poisson pour les pêcheurs, la terre pour les paysans. Ils ne veulent pas entendre que certains ont décidé de s'approprier les richesses du pays, d'autres de se mettre au service de ces profiteurs, certains de justifier le système à coups de citations scripturaires, de prières ou de malédictions. Comment vivre si tous sont complices plus ou moins silencieux d'un système responsable de la misère, de la maladie et de la mort?

D'où la solitude de Jésus. Il avait beau guérir des yeux, ouvrir des oreilles, personne ne comprenait ce qu'il faisait. Pas même les Douze qu'il avait choisis comme responsables de leur peuple dans le futur Règne de Dieu. Et, paradoxalement, plus il partageait le pain, plus il guérissait les gens, moins ils voulaient voir et comprendre. Lui réussissait tellement bien, pourquoi eux s'en mêleraient-ils? Un jour, il en eut assez de cette surdité et de cet aveuglement qu'il ne pouvait pas guérir. Il décida de monter à Jérusalem, là où l'Empire pesait de tout son poids, pour le forcer à voir et à entendre. Comme il ne servait plus à réparer les dégâts du système, on l'y mit à mort.

L'aveuglement et la surdité continuent. On aide et subventionne les organismes qui répondent aux misères urgentes, mais on laisse vivoter ceux qui veulent nous faire voir et entendre. On harcèle les gens qui ont le courage de leurs convictions, et lui de continuer à nous demander: vous ne voyez pas? Vous n'entendez pas?

14. La foi en images.
Mc 9,2-10

> *Ils sont sur la montagne. Jésus rayonne de l'éclatante blancheur caractéristique du monde d'En haut. Moïse et Élie l'accompagnent. Pierre voudrait que ça dure toujours : Vite ! montons trois tentes ! Il divague. Du nuage qui enveloppe les trois personnages se fait entendre une Voix :*
>
> *C'est mon fils et je l'aime. Écoutez-le.*
> *Subitement, tout redevient comme avant. Ils retournent donc en bas.*

Dès son premier verset, Marc nous avait avertis de l'angle d'approche qu'il avait choisi pour nous parler de Jésus.

Commencement de la bonne nouvelle à propos de Jésus messie, fils de Dieu.

Pouvait-il être plus clair ? Il avait l'intention de traiter de ce que cela voulait dire, pour les siens, que Jésus, après sa mort, ait été fait messie et fils de Dieu. Qui, après tout, avait le pouvoir de définir le sens de l'existence humaine ? César, dans sa Maison Blanche de Rome, avec son Empire, ses armées, sa culture, son prestige, sa violence et son arrogance ? Ou celui qui avait été élevé comme messie ou fils de Dieu ?

Dès le début de son texte, son choix était fait. La parole de Dieu avait commencé à parler *dans le désert* (1,3). Pas au temple de Jérusalem, pas dans l'orgueilleuse Rome qui faisait plier les nations sous son pouvoir, mais à la périphérie, dans les marges de l'histoire, au désert, là où, depuis toujours, se rassemblait l'opposition aux empires. C'est là que la Parole avait parlé à Jean, qu'elle y avait rejoint Jésus. Ce dernier avait beau être mort depuis quarante ans, il régnait depuis lors. Et faisait trembler les pouvoirs en place. Ça valait le coup d'en parler. Plus tard, un autre ferait la même chose que Marc, et le dirait à peu près dans les mêmes termes, sauf que lui l'écrirait à la fin de son évangile plutôt qu'au début (Jn 20,31).

> *Tout cela est écrit pour que vous croyiez que*
> *le messie, le fils de Dieu, c'est Jésus*
> *et qu'ainsi confiants, vous receviez la vie de lui.*

À ces gens, dont beaucoup sont menacés de mort, les évangélistes disent le sens de la vie.

C'est sur ce fond de scène qu'il faut lire l'épisode de la transfiguration. Il n'est pas exagéré de dire que le récit est une illustration du premier verset de l'évangile de Marc. Il nous fait *voir* ce que ce premier verset se contentait d'énoncer. Celui qui, quarante ans avant la rédaction de l'évangile, avait été Jésus de Nazareth, est maintenant, nous dit Marc, fils de Dieu, dans la dimension de Dieu. Et le texte a toujours ces deux aspects de la réalité en vue : d'un côté, il parle du Jésus qui avait vécu sa vie dans l'histoire et, de l'autre, il situe ce même Jésus dans la dimension de Dieu. Le fils de Dieu est, dans l'aujourd'hui de Marc, celui qui fut le Nazaréen de jadis. On ne peut parler du fils de Dieu, vivant dans chaque aujourd'hui de l'histoire, sans dire qu'il s'agit de ce Jésus qui avait vécu parmi nous. Et, pour dire cela, l'auteur se sert de l'imagerie du temps.

Ce Jésus, est celui qui avait des disciples — ancrage dans l'histoire.

Mais ils sont sur une haute montagne — situation près de Dieu, qui est aux cieux.

Ce Jésus, dont on parle — ancrage dans l'histoire —,
devient tout blanc — couleur du divin.

Avec ce Jésus — ancrage dans l'histoire —,
ils sont deux à parler, qui vivent maintenant dans la dimension de Dieu, deux grands prophètes, qui font porter le regard sur lui.

Pierre en perd quasiment la tête, tellement il est effrayé — ancrage dans l'histoire —, *mais la nuée, qui est le véhicule de Dieu, entoure les disciples, et, de là, une Voix leur présente Jésus comme fils bien-aimé de Dieu.*

Puis, soudainement, ils ne sont plus que quatre – ancrage dans l'histoire –,
mais tout cela devra être dit après que Jésus, le Fils de l'homme, aura été relevé des morts, dans la dimension de Dieu, évidemment.

Et c'est justement ce que Marc est en train de faire, soit de *raconter* ce qu'il n'avait fait qu'énoncer dans son verset d'ouverture.

Ce texte de Marc illustre, imagine, raconte ce que Paul avait exprimé en un verset, condensant en une phrase tout ce que le Nouveau Testament avait à dire sur la foi chrétienne (Rm 10,9) :

*Si tu le proclames de ta bouche : le seigneur, c'est Jésus,
et si tu le crois du fond de toi : Dieu l'a relevé des morts,
   tu seras libéré.*

Ce que Paul avait énoncé quinze ans plus tôt, Marc le fait voir. Jésus est le fils de Dieu annoncé par les prophètes (ici Moïse et Élie), c'est-à-dire le seigneur qui a reçu tout pouvoir de son Père (Mt 28,18). Tout cela est possible, bien sûr, parce qu'il a été relevé des morts. Le récit de la transfiguration, c'est la foi en images.

Et la foi, c'est bien. C'est ce qui permet de se comprendre, de comprendre la vie, de prendre de la hauteur (« sur une montagne élevée »), de voir la vraie beauté (« tout blanc »), de se savoir à l'*ombre* de Dieu. Mais, paradoxalement, il faut en sortir. Pierre aurait bien voulu rester là à tout jamais, c'est qu'*il ne savait pas quoi dire*. Car c'est en bas que ça se passe, et c'est là que la vie attend ceux et celles qui ont vu. Leur vision n'est pas source de certitude, mais de confiance. Leur vision ne se transmet pas, elle transforme celui ou celle qu'elle atteint. Leur vision n'appelle pas à construire un édifice pour en garder le souvenir, elle envoie œuvrer à la libération du monde. Leur vision leur apporte autant de souffrances que de joies.

Malheur à qui reste en haut, une tente levée autour de sa foi.

15. Réussir sa vie.
Mc 10,17-30

— *Que dois-je faire pour réussir ma vie ?*
— *Tu connais les commandements comme moi.*
— *Oui, mais ça ne me satisfait pas.*
— *Il ne te manque qu'une chose. Débarrasse-toi de tout ce qui t'encombre et suis-moi.*

Me permettez-vous d'en appeler à l'expérience ? En trente ans d'enseignement et d'écriture, je n'ai rien trouvé qui fasse autant achopper que le sujet des richesses dans l'évangile. Rien qui interroge autant. Rien d'aussi éprouvant. Rien d'aussi éclairant pour discerner son chemin dans la vie. Rien qui rende aussi petit face à Dieu. Rien qui soit aussi difficile à traiter. Vous allez voir pourquoi.

Suivons la logique du texte de Marc. Un inconnu se présente. Il se prosterne devant Jésus, donnant donc tous les signes d'un homme de foi. Que faut-il faire pour vivre réellement ? Jésus fait appel à l'expérience millénaire des chemins tracés par les anciens (les fameux « commandements », qui sont non pas des lois mais des directions). Deviens ce genre d'homme qui a un respect absolu de l'autre, ou qui, par exemple, prend soin de ses vieux parents. Tu l'as toujours fait ? Quand il entend la réponse, Jésus se sent proche de cet homme. Aurait-il trouvé un frère ? Prenant la décision d'aller au bout de ce qu'il pense, il lui suggère de se débarrasser de ses biens et de le suivre. Et tout se gâte. Les yeux perdent leur éclat, le visage devient triste. Un homme qui voulait aller au bout de la vie vient de rater la sienne. Que s'est-il donc passé ?

L'évangile est un chemin de bonheur, une direction de vie. Il n'est surtout pas ensemble de lois ou d'obligations. Quel genre de femme ou d'homme, demande-t-il, voulez-vous devenir ? Avez-vous sérieusement l'intention de réussir votre vie ? Oui ?

Alors, écoutez bien. Pouvez-vous vous rendre le témoignage de respecter vraiment les autres? De ne vouloir faire de tort à personne? D'être capable d'hypothéquer les loisirs que vous laisse la retraite, vos biens même, pour prendre soin de vos vieux parents? Oui? Oh, (ceci dit sans ironie aucune) vous êtes quelqu'un de bien! Ha! vous sentez qu'il vous manque quelque chose. Vous voudriez aller plus loin. Hélas! le chemin se trace facilement, mais il est sans limite et tellement difficile à suivre! C'est qu'il met en cause la relation que vous avez avec la richesse.

Attention! il n'y a pas de mal à avoir de l'argent, de quoi assurer son avenir avec quelques voyages en prime, une maison qu'on aime, un décor dans lequel on se sent à l'aise. Non seulement ce n'est pas mal, c'est même bien. Mais vous souvenez-vous de la question de départ? C'était: « Quel genre d'homme, de femme, voulez-vous devenir? » autrement dit: « Voulez-vous réussir votre vie? » Vous avez à discerner comment vous vous situez par rapport à cette question. Si vous avez honnêtement le sentiment de bien écouter ce qui monte du centre de vous, et d'être cet être humain que vous étiez appelé ou appelée à devenir, parfait, continuez, tout va bien. Mais il est possible que l'insatisfaction vous gagne. Et que vous soyez quelqu'un qui ne pourra réussir sa vie sans se confronter à la question des richesses. Personne d'autre que vous ne peut dire qui vous êtes. Cependant, l'évangile, dans l'exemple qui nous occupe, pourrait vous illustrer l'enjeu de la situation.

D'un côté, il se trouve quelqu'un qui a dit oui à ses biens en disant non à la vie. Le prix en est, en dépit des apparences, l'indicible tristesse d'avoir raté sa vie. Par ailleurs, il y a l'autre chemin, qui consiste à prendre ses distances vis-à-vis des richesses, avec toutes les ruptures que cela suppose par rapport à son réseau de parents et d'amis. Chemin sur lequel se retrouvent cent fois plus de parents, d'amis et de biens. Avec bien des tracas, bien sûr, il ne faut pas se le cacher. Mais la vraie vie est à ce prix. Qu'est-ce à dire? Au fond, l'évangile veut signifier que le véritable centuple, c'est précisément cette personne qui accepte de devenir plus grande que les biens qui l'entourent. Tout cela est certes apeurant pour les pauvres humains que nous sommes. Surtout que l'ensemble de la société autour de nous s'entend pour nous tracer une tout autre sorte de chemin de bonheur. Mais le prix à payer est bien lourd. Immense tristesse. Déception profonde face à la vie. Recours aux paradis artificiels pour échapper à l'enfer de l'existence, quand ce n'est la décision du départ définitif. « Il ne te manque qu'une chose », disait Jésus à cet homme qui, après s'être prosterné devant lui s'était aplati devant ses biens.

Il lui manquait la décision de réussir sa vie.

16. « Je veux voir ! »
Récit inspiré de Mc 10,46-52

Il en avait même perdu son nom : « C'est le fils de Timée », qu'on disait. Heureusement, son père était mort avant que tout cela n'arrive : un officiel du temple, selon la rumeur, un proche des Romains, avec ses hommes de main, vingt-quatre heures pour partir, puis ses oliviers arrachés, des oliviers qui avaient vu grandir son arrière-grand-père, et toute la famille depuis, jusqu'à lui et ses enfants, arrachés d'un coup, pour une villa d'hiver. C'était trop. Il n'avait pas pu voir cela. Il avait entendu, mais n'avait pas voulu voir sa femme hurler, ses enfants sangloter, agrippés à ses jupes. Depuis, il ne voyait plus rien. Ce n'était pas ses yeux — grâce à Dieu, ses yeux étaient encore bons —, mais il n'y avait plus rien à voir. Il tournait le dos au chantier qui lui avait jeté un voile noir sur les yeux. Il regardait, sans les voir, les gens qui passaient devant lui. Eux non plus ne le voyaient pas, mendiant aveugle au bord du chemin, ayant tout perdu, même son nom.

De l'autre côté, il y avait le puits. Ça allait et revenait. Le sans-nom, les yeux grands ouverts, regardait sans trop voir. Une petite troupe arrive de la gauche : quelques femmes, un groupe d'hommes. Tiens ! des Galiléens ! On n'en voyait pas souvent. Ils étaient comme lui : le temple, les taxes, le système de Jérusalem, les Romains, ils en avaient gros sur le cœur. Étrange. Que venaient-ils faire par ici ? Ça faisait longtemps qu'il ne s'était pas intéressé à quelque chose, aussi un convoi de charrettes qui passait devant lui le dérangea. Les Galiléens étaient rendus au puits et il voulait les voir. Il entendit plutôt un des âniers dire à un autre : « Tu as vu ? C'est des Galiléens, paraît qu'il y a un guérisseur dans le lot, dur à croire que le Béni soit-il se mette du côté de cette racaille à moitié païenne. » La caravane passée, il en vit un, ça devait être lui. Il ne saura jamais ce qu'il lui prit, ce jour-là. D'abord, il ne put se retenir de marmonner, ça s'entendait à peine:

— Hé! le grand, je veux voir!

Il eut à peine le temps de chuchoter ces quelques mots — d'ailleurs, les avait-il bien dits ou les avait-il seulement pensés? — que toutes les vannes de ses yeux se mirent à s'ouvrir. Ça sortait à flots. Il en avait même les yeux brouillés, il ne voyait plus! Et il se mit à hoqueter, de gros sanglots tout chauds lui coulaient sur le visage, assez qu'il dut se cacher la tête dans son manteau. Il ne voulait pas qu'on le voie. Mais, à peine calmé, il recommença de plus belle, assez fort, cette fois:

— Hé! le grand, je veux voir!

On l'entendit du puits. Deux ou trois des Galiléens se retournèrent pour voir, puis lui tournèrent le dos à nouveau. Ça l'irrita un peu. On a beau ne plus avoir de nom, il reste quand même la dignité. Il s'emplit les poumons d'air et cria de toutes ses forces:

— Hé! le grand, tu m'entends? je veux voir!

Il réveilla une cacophonie. Les « Voyez-y quelqu'un! La ferme! Ta gueule! » et autres aménités fusaient de partout. Un des Galiléens, fort gentil par ailleurs, réussit à s'approcher de lui pour lui dire qu'ils étaient fatigués, qu'ils avaient quatre jours de route dans le corps et qu'un peu de calme ne leur ferait pas de tort. Mais il y avait des gamins qui lui tiraient la langue, il reçut même une poignée de graviers par la tête. Cela fit plus que le déranger. Aussi y alla-t-il de la tirade de sa vie:

— Hé! le grand, là-bas, je veux voir, je veux voir, je veux voir, je veux voir, je veux voir, je veux voir!

Une sorte d'impossible crescendo qui culmina dans un interminable hurlement et le laissa pantois, épuisé. L'effet fut instantané. D'abord un grand silence, puis une des femmes du groupe s'approcha :

— *Vite ! Debout. Il veut te voir !*

En dépit de sa grande faiblesse, le voilà sur pied d'un bond. Bien qu'on l'ait dépouillé de tout, il se défit de son manteau, le manteau du pauvre, sa seule possession, sa protection, sa sécurité même, et, presque nu, s'approcha du Galiléen :

— *Qu'est-ce que tu veux ?*

Il lui fallut tout son courage pour arriver à dire dans un souffle :

— *Mon grand – rabbouni, dans sa langue –, je veux voir !*

L'autre le regardait, en silence. Alors, il se mit à parler, à parler, à parler. Les paroles sortaient de sa bouche comme, tout à l'heure, les flots de ses yeux. Et plus il parlait, plus il voyait. Combien de temps tout cela prit-il ? Qui le sait ? C'était trop intense pour être soumis aux règles ordinaires du temps. À la fin, il vit qu'il était redevenu un homme. Et l'autre lui dit simplement :

— *Tu vois parce que tu as fait confiance.*

Alors, pour la première fois depuis les événements, il se retourna et regarda ce qui avait été son chez-lui. Enfin, il voyait ce qu'il avait à faire. Lui aussi, il monterait à Jérusalem. Il fallait aller au cœur du système, pour lui signifier sa condamnation à mort.

Il le voyait bien, les aveugles se trouvaient maintenant à Jérusalem et à Rome.

VI. Enjeux

1. Que faire pour être heureux ?
Mc 12,28-34

> *C'était un homme de bonne volonté.*
> *— Que faut-il faire pour vivre correctement aligné ?*
> *— Cherche à connaître Dieu et tires-en les conséquences dans ta façon de te comporter envers tes proches.*
> *Sans être d'accord sur tout, ils se comprenaient.*

Un bon et sympathique curé du temps vient trouver Jésus et lui demande quel est le « commandement » le plus important. Pour comprendre la réponse, il faut comprendre la question. Or, entendue selon la mentalité de Jésus, celle-ci est difficile à traduire.

« Commandement », comme les mots apparentés « loi » « règle », etc., sont des approximations françaises, à partir du grec, de termes hébraïques. Le langage est juridique, abstrait, et laisse entendre que Dieu est un législateur qui donne des ordres. L'hébreu est beaucoup plus concret. Comme il sied à des nomades, la vie leur apparaît comme une marche ; il s'agit de suivre le bon chemin, pour arriver à destination. La *tôrâh* n'est pas un code de « lois », mais l'enseignement, la tradition des sages et des anciens. Ceux-ci connaissaient le chemin du bonheur, et en ont transmis les secrets au profit des générations subséquentes. Une *mitsvâh* hébraïque n'est donc pas un « commandement », mais fait partie du bagage de traditions données comme guides sur le chemin de la vie.

La question que le scribe pose à Jésus est simplement la suivante : « À ton avis, qu'y a-t-il de plus important à transporter en soi pour marcher heureux dans la vie ? » Jésus répond qu'il s'orientera bien si son sens de Dieu (sa « théologie ») est adéquat, et, en conséquence, si ses relations humaines sont équilibrées.

Le premier texte renvoie le scribe au chapitre sixième du Deutéronome. Israël est invité à bien écouter, « afin qu'il t'arrive du bonheur » (v. 3). Il importe de se souvenir, de ne pas oublier, que Dieu n'est pas n'importe quel Dieu. Il est celui qui a fait sortir son peuple d'Égypte pour lui donner un pays ; c'est lui qu'il faut avoir en tête – et dans le cœur, et sur le front, et sur les bras, et sur sa maison – et nul autre (vv. 5-13). Comme bagage de vie, Jésus fait donc référence à un important souvenir : Dieu est un libérateur. Et comme c'est lui qui a créé les humains et qu'il les a faits à son image, ceux-ci ne pourront vivre heureux s'ils restent enfoncés dans leurs esclavages. Ce à quoi les invitent les idoles qu'ils s'inventent.

Mais se libérer est difficile, car l'entreprise n'est jamais terminée. Et elle est insécurisante, car les adversaires ont l'air fort imposant. À preuve, Israël qui hésite à entrer dans la terre promise, de crainte de se faire massacrer.

Le second bagage de bonheur, auquel Jésus se réfère, est conséquence du premier et concerne les relations humaines. Si quelqu'un accepte de vivre les libérations que son Dieu veut effectuer chez lui ou chez elle, cette personne s'aimera elle-même. Et, consciente de sa propre fragilité, elle sera d'une très grande humilité et comprendra les autres de l'intérieur, sans leur apparaître le moins du monde comme une menace. Elle les aimera donc, disait Jésus, comme elle s'aime elle-même.

Et voilà. L'essentiel est dit. Il n'y a d'autre façon de vivre heureux que de laisser agir en soi le Dieu libérateur, de le reconnaître à l'œuvre dans les autres et d'en tirer la conséquence : la libération est appelée à se manifester dans toutes les dimensions de l'existence humaine. C'est le seul et nécessaire bagage de sagesse à emporter sur le chemin de la vie et du bonheur.

Le bon curé du début est bien d'accord avec Jésus. Certes, il ne serait pas prêt à remettre en cause ses certitudes, en vue du Règne de Dieu, mais son approche de la vie est foncièrement correcte. Aussi, Jésus n'insiste pas. Chacun n'a pas à porter exactement le même bagage sur le chemin de la vie. Pour être heureux, il faut se charger du sien. Aussi, celles et ceux qui sont appelés à vivre comme Jésus ne pourront vraiment trouver le bonheur s'ils ne s'alignent pas sur lui.

Il ne peut rien arriver de pire à un être humain que d'avancer dans la vie sur le mauvais chemin. Ni rien de mieux que de se sentir correctement orienté.

2. Quand Jésus est contre l'aumône.
Mc 12,38-44

> *Il est dans le temple, à regarder les gens faire leur don. Survient une pauvre veuve qui dépose quelques pièces de menue monnaie dans le tronc.*
> *Méfiez-vous de ces hommes de Dieu qui se conduisent comme des rapaces. Ce sont eux qui ont conduit cette femme à se priver de tout ce qu'elle avait et sa misère est pire qu'avant.*

L' « obole de la veuve ». Un texte la plupart du temps incompris et, pourtant, tellement typique de Jésus. C'est qu'on a peine à accepter les sautes d'humeur du prophète de Nazareth.

Il est à Jérusalem, dans le temple. Après de longues hésitations, malgré les conseils de prudence, il s'était finalement décidé à y monter. Il était conscient des dangers : Jean-Baptiste avait été exécuté pour bien moins que ce qu'il avait l'intention de faire. Mais ça ne pouvait plus durer. La situation était intolérable. Les taxes folles des grands prêtres, d'Hérode Antipas et des Romains étouffaient son peuple de Galilée. Il fallait faire quelque chose. Monter à Jérusalem, aller au cœur de l'oppression, là d'où les décisions partaient, et faire un geste d'éclat. Dans la ligne des prophètes Michée (3,12) et Jérémie (ch. 26), il allait oser annoncer la destruction du temple, la fin du système. Quitte à en payer le prix. Comment pourrait-il être solidaire de son peuple autrement ?

Il est de ces jours où la vie ordinaire ne peut plus continuer, où des gestes éclatants sont réclamés. Le voilà donc à Jérusalem, dans le temple, là d'où l'Empire exerce son pouvoir dévastateur sur son peuple de Galilée. Et il voit passer quelques scribes, ces fonctionnaires au service des grands prêtres, d'Antipas ou de Rome, dont les pareils viennent saigner à blanc les pauvres gens de chez lui. C'est précisément à cause d'eux et de leurs maîtres qu'il s'est résolu à monter à Jérusalem. Et sa colère éclate contre eux. Ils écrasent le peuple, tout en attendant de lui honneurs et salutations. Ils vident le pays de ses ressources, et s'installent en avant dans les assemblées et les grands repas qu'ils se font offrir par les dignitaires des petits villages de Galilée. Ils le peuvent bien, ils ont le pouvoir inscrit sur le front. Ils ont même le culot, après avoir dépouillé les veuves de leurs biens, de se présenter en prière devant Dieu. Comme ils le connaissent mal, ce Dieu. Et comme ils seront surpris quand ils passeront au guichet de sa justice.

Après avoir terminé ses invectives, il se déplace dans le temple et voilà qu'il est témoin d'une petite scène qui va justement donner du poids à ce qu'il vient de dire. Il fait face à une série de troncs, où les gens sont invités à déposer leurs offrandes. Les riches ont de l'argent à y mettre et ne se privent pas de le faire, au vu et au su de tout le monde. Arrive cependant une pauvre veuve qui, manifestement, se prive du nécessaire pour faire son don. Que voilà une belle illustration de ce que Jésus avait dit plus haut! Non seulement les scribes écrasent-ils les pauvres de leurs taxes, mais ils arrivent même à convaincre ces derniers de se départir du peu qu'ils ont pour assurer la bonne marche du temple. Et cela, bien sûr, au nom de Dieu : « Comme le Bon Dieu vous est reconnaissant de vous occuper ainsi de sa Maison! » Et voilà que la colère de Jésus remonte en lui. Mais ils ne connaissent donc pas Dieu, ces fonctionnaires diplômés? Peuvent-ils sincèrement penser que Dieu se préoccupe de sa soi-disant Maison quand son peuple est affamé? Comment oser prétendre que Dieu se réjouit de voir une pauvre femme se déposséder pour lui? Surtout quand il sait que ce sont les riches qui vont profiter de son don? Vivement que Dieu détruise cette caverne de voleurs! Ce qui fut fait, mais non sans que soit d'abord détruit le prophète.

Est-il vraiment nécessaire d'actualiser ce texte ? N'est-il pas évident que la même pièce se joue encore aujourd'hui et que seule la distribution a changé ? Ils sont toujours là, les scribes. Ce sont eux qui ont pensé, inventé, planifié, forcé et justifié la destruction des acquis sociaux péniblement assurés par les générations précédentes. Ce sont eux qui se présentent comme les défenseurs d'une saine administration des fonds publics, en faisant payer la note de leurs gaspillages aux travailleurs qu'ils mettent à pied, aux chômeurs qu'ils laissent démunis et aux assistés sociaux qu'ils affament. En ayant même le front de les rendre coupables du désastre social qu'ils sont en train de créer.

Scribes et pauvres veuves sont d'aujourd'hui.

De par le monde, combien de prophètes à détruire avant que le système ne le soit ?

3. À l'aide ! Au secours ! Libération ! Salut !
Mt 21,15-16

> *Dans un geste percutant, il a annoncé la fin du temple. Puis il s'affaire à soigner des aveugles et des boiteux. Au grand scandale des officiels, des enfants qui l'ont vu faire se mettent à crier :*
>
> *Libération !*

La racine hébraïque *ys'* signifie « aider », d'où « libérer, délivrer, sauver ». Ils sont plusieurs dans la Bible à recevoir le nom de « Libéré par Yhvh ! », et pas des moins connus : Élisée, Isaïe, Josué, Osée et, surtout, Jésus.

La grande manifestation du salut jadis expérimentée par Israël est évidemment la sortie d'Égypte : « En ce jour-là, Yhvh libéra Israël de la main des Égyptiens. » (Ex 14,30) Mais les humains, c'est bien connu, sont des êtres fragiles, qui ont toujours besoin d'aide, pas seulement dans les grandes occasions. À partir de la racine *ys'*, on a donc inventé une sorte de prière passe-partout, bien commode parce que tenant en deux mots : *hôshî'hâ nnâ*. Bien que d'allure rébarbative, ainsi translittérée, l'expression est bien connue sous sa forme française traditionnelle de *Hosanna !*, c'est-à-dire : « Yhvh, à l'aide ! Au secours ! Libération ! » On peut la reconnaître dans la bouche des partisans de Jésus sous Mt 8,25, dans un contexte de grande tempête, une tempête qui avait l'allure d'un séisme (v. 24) : « Maître, au secours, nous périssons ! » Ou, au singulier, criée et répétée par un aveugle en Mc 10,47-48 : « Jésus, pitié pour moi ! » et suivie de la réponse attendue : « Ta confiance t'a libéré. » (v. 52) Ou, sous le nom même de Jésus : « Yhvh, à l'aide ! » a pu crier sa mère à un moment particulièrement douloureux de l'accouchement.

Dans le Nouveau Testament, le mot se retrouve clairement en Mt 21,15, où il conserve toute sa charge subversive. On est à Jérusalem. Après avoir été témoin pendant quelque deux ans des misères infligées à son peuple par les politiques des grands de Jérusalem, Jésus ou *Yéshoua* s'est rendu au temple, centre du pouvoir, pour en annoncer la fin. Personne ne s'est trompé sur la portée de son geste. Les enfants lui crient donc *Hosanna!*, « Libération ! » Libération de la domination romaine. Fin de l'oppression impériale par dignitaires judéens interposés. Arrêt des taxations mortelles dont étaient victimes les petites gens de sa Galilée. Terme mis aux efforts pour imposer des coutumes de Judée à ses compatriotes du Nord. « Libération ! » criaient les petits. Et les grands de s'indigner, avant de décider d'arrêter le Nazaréen et de le livrer aux étrangers. « Libération ! » ne se dit pas impunément.

Non, « Libération ! » ne se dit pas impunément, et parfois n'est même pas dit. Un signe ? Allez voir les traductions du Nouveau Testament sous Mt 21,15. Au lieu d'être encouragement à Jésus, pour qu'il poursuive son œuvre : « Libération ! », l'expression devient une anodine acclamation religieuse : « *Hosanna!* au fils de David », écrivent-elles. Plus de charge subversive. Plus d'espoir mis dans la bouche des petites gens de voir le système oppresseur *d'aujourd'hui* changer. On l'a bien émoussé ce titre de « Libérateur » donné à Dieu et à Jésus (Tt 1,3-4), titre que les premiers chrétiens avaient arraché à l'Empereur pour le donner plutôt au Dieu de la sortie d'Égypte et de l'activité libératrice de Jésus.

4. « Range ta chambre. »
Mt 21,28-32

> *Un homme a deux enfants à qui il demande d'aller travailler à sa vigne. L'un dit oui, mais n'y va pas. L'autre dit non, mais s'y rend. C'est évidemment le second qui a répondu aux attentes de son père.*
>
> *Jean est mort d'avoir invité ses auditeurs à créer un système de justice. La plupart – des bonnes gens – s'y sont refusés. Mais les prostituées et les petits exploiteurs, eux, ont accepté. Ils seront donc les premiers à entrer sous le Règne de Dieu.*

Oh! que ce texte est compromettant! À première vue, pourtant, rien de bien dangereux dans la parabole. Les parents d'ados la vivent tous les jours:

— Range ta chambre.
— Oui, Maman.

Rituel répété indéfiniment, sans que le désordre de la chambre en question soit le moins du monde inquiété. Ou bien:

— Range ta chambre.
— Ah! Maman, c'est *ma* chambre!

Et puis, soudainement, sans préavis, un miracle du ciel, délicieux bruits de rangement. En apparence, le banal quotidien. Mais en apparence seulement, car l'application de la parabole rend compte de la situation à laquelle elle se réfère.

Dans le texte de Matthieu, l'application *suit la parabole* – mais dans la réalité de Jésus, la parabole vise à faire prendre conscience des enjeux de la situation. C'est donc en *réponse* à celle-ci que Jésus raconte sa parabole. De façon typique, il n'y parle pas de lui (il fait d'ordinaire montre de la plus grande réticence à parler de lui-même) mais de Jean-Baptiste. Jean a marché sur un chemin de justice, c'est-à-dire que les orientations de sa vie ont été correctes aux yeux de Dieu. C'est l'appréciation de Jésus à propos de Jean. C'est un choix, une option. Tous étaient loin de la partager. « Vous n'avez pas eu confiance en lui », dit Jésus sans doute à ses adversaires qui ici ne sont pas nommés. Par ailleurs, exploiteurs (percepteurs d'impôts au service de l'Empire romain) et prostituées lui ont fait confiance. « Et voyant cela vous n'avez pas changé d'idée. » Ce « voyant cela » est extraordinaire. À partir de leur rencontre avec Jean, qui marchait *sur un chemin de justice*, exploiteurs et prostituées ont changé d'idée *à leur propre sujet*. Eux qui s'étaient approprié l'idée qu'on se faisait d'eux, qui se considéraient comme marginaux, hors-la-loi, « hors-le-chemin », « hors-Dieu », se voyaient offrir par Jean le milieu du chemin, se découvraient privilégiés de Dieu, capables de bonheur et de dignité humaine. Quelle joie ! Joie des pauvres, des affamés, des affligés ! Mais les autres, *voyant cela*, n'ont pas compris. Ils n'ont pas changé d'idée. Ils n'ont pas fait confiance à Jean. Ils ont refusé son sens de Dieu. Et maintenant, ils refusent celui de Jésus et ne peuvent comprendre qu'ils traîneront misérablement derrière sous le Règne de Dieu.

D'où le traitement-choc, la parole secouante, la parabole des deux ados. Regardez autour de vous, leur dit Jésus. Regardez la vie. Voyez comment les choses se passent. Lequel des deux ados répond à l'appel de son Père du ciel : celui qui dit oui en paroles ou en actes ?

En actes, dites-vous ? Mais vous rendez-vous compte de ce que vous dites ? Ne voyez-vous pas le danger ? Intuitionnez-vous dans quelle position vous venez de vous placer ? Et quel jugement sur vous-mêmes vous venez de prononcer ? Bien sûr qu'ils l'ont vu, ils l'ont fait tuer.

Qu'ont-ils vu ? Remplaçons exploiteurs et prostituées par quelques termes : pushers, sans-abri, souteneurs, taxeurs, contrebandiers, danseuses nues, punks, squeegees. Vous voyez le portrait ? Tous gens qui ont dit non : non à une vie rangée, non à l'intégration dans la société telle qu'elle existe, non au dieu et aux rites des Églises, non au type d'êtres humains que sont les autres. Et un jour arrive quelqu'un qui leur montre jusqu'à quel point le Dieu vivant est proche de leur non, de leur colère, de leur révolte. Jusqu'à quel point leur déchéance n'est que l'envers d'un rêve qui est celui du Règne même de Dieu. Et que, loin d'être exclus de ce Règne, ils en sont au cœur. Et voilà qu'ils se mettent à voir ce qui est caché aux experts et aux technocrates. Et qu'ils se mettent à marcher, pleinement humains, sur le chemin de la justice. Troupes de choc.

Mais que m'arrive-t-il à moi qui ai toujours dit oui ? Puis-je accepter de me faire dire que je suis en dehors du chemin de la justice ? que j'ai dit oui sans faire ce qu'il fallait ? que Dieu est sorti des églises comme il est sorti de ses temples de jadis ? Puis-je faire la volonté de mon Père du ciel ? Mon Dieu ! le puis-je ?

5. Mauvais et bons.
Mt 22,1-14

> *Un roi prépare un grand mariage pour son fils. À la dernière minute, tous les invités se décommandent. Ils sont tellement occupés! Insulté, le monarque ordonne à ses serviteurs de parcourir les rues et d'inviter tous ceux qu'ils rencontreront. Peu importe qu'ils soient mécréants ou bons, les nouveaux invités remplissent bientôt la salle.*
>
> *Cependant, un des nouveaux invités, mal habillé, est jeté dehors sans cérémonie.*

Je me demande souvent comment il se fait que l'Église accepte de lire l'évangile au cours de ses liturgies. La plupart du temps, il s'y trouve des choses épouvantables. Cette fois-ci, il s'agit de trois petits mots : *mauvais et bons*. Cités comme ça, ils n'ont l'air de rien ; dans le contexte, ils font choc. Partons du début. Vous voulez savoir ce que sera la vie sous le Règne de Dieu, dit Jésus, eh bien ! voici. (Disons, pour qu'on se comprenne, que le Règne de Dieu n'a rien d'une vie éthérée dans un ciel mythique. Pour Jésus, c'est l'ensemble des conditions qui feront qu'un jour le bonheur sera possible pour tout le monde, sur la terre. Rêvons pour aujourd'hui : plus de domination étatsunienne, plus d'impérialisme de la finance, plus de disparités, donc plus de terrorisme, etc. Un bonheur simple entre humains faillibles mais chaleureux.)

Dans sa réponse, Jésus est plus rugueux que moi dans la définition que je viens de donner. Vous voulez vraiment le savoir? eh bien ! voici ! (Préparez-vous, c'est à la fois révolutionnaire et sanglant.) Ça commence comme dans la vraie vie.

Un illustre personnage de ce monde se prépare à donner un grand banquet de noces. Ne manquent que les invités. Pas n'importe qui, bien entendu. Des gens de sa classe, du monde à l'aise : des grands propriétaires terriens, des gens de la finance et du commerce. Ils ne sont pas arrivés là où ils sont pour rien : voilà donc des êtres à la fois très occupés et sans pitié. Dans ce monde-là, c'est une condition de succès et de survie. Quand l'invitation qui les dérange arrive, ça n'hésite pas longtemps : certains s'occupent de leurs affaires, les autres massacrent tout simplement les envoyés qui les invitent. Les ligues majeures de l'humanité, ce monde-là, de vrais hommes : brutaux, riches et virils. Tout pour plaire. Mais ils frappent plus impitoyable qu'eux. Le personnage du début, enragé, envoie ses B-52... je veux dire ses armées tuer tous ces gens-là et détruire leurs villes. Voilà la vraie vie, tout pour se reconnaître.

Le Règne de Dieu commence après. Le grand personnage (Dieu ?!) change radicalement d'attitude. Il n'accepte plus le monde tel qu'il est, la société telle qu'elle fonctionne, de valoriser les êtres brutaux censés être ses amis : gens qui s'accordent de gros salaires pour se récompenser de mettre leurs employés à pied, gens qui s'enrichissent en gaspillant le produit des taxes, gens qui tuent avec le sourire du devoir bien fait, pays qui volent la nourriture des pauvres. Désormais, ce ne sera plus comme avant, tous auront à manger. Et ses serviteurs repartent. Et ils remplissent la salle de toutes sortes de gens : « mauvais et bons », dit le texte (22,10).

Ce *mauvais et bons* est assez incroyable. Disons, d'abord, que c'est certainement un progrès par rapport à la situation antérieure (c'est-à-dire la situation présente de notre monde), où ce sont uniquement les amis du régime qui sont invités au banquet. Et le régime est clair là-dessus : il lutte contre le terrorisme pour protéger son niveau de vie, niveau qu'il ne peut conserver qu'en opprimant la majeure partie de l'humanité ; il favorise ses amis parce que ce sont ses amis et qu'entre amis on sait s'entraider. Avant, il n'y avait donc que la racaille au banquet. Après, il s'y trouve aussi des bons, le Règne de Dieu a donc amélioré les affaires.

Mais il reste ce troublant *mauvais*. Que veut donc dire Jésus? Nous ne sommes pas les seuls à être embêtés, les premiers chrétiens l'étaient aussi. Un signe en est la finale actuelle du récit. À l'origine, il se terminait à la fin du v. 10 : la salle est remplie de convives (voir Lc 14,16-24). Les versets qui suivent sont un ajout, soit de Matthieu soit d'un rédacteur antérieur, pour qui il est important que les convives aient leur *habit de noce*. Exiger ce fameux vêtement est une façon de relativiser la présence des *mauvais* qui fait problème. Ils ne sont pas si mauvais que ça puisqu'ils sont habillés comme il faut, le vêtement témoignant de l'être de la personne. Le rédacteur en question était donc (comme nous?) quelque peu scandalisé par la présence dans le Règne de Dieu de gens plus ou moins recommandables.

Le problème pourrait être formulé à peu près comme ceci: à quoi cela sert-il d'être bon si on n'y trouve aucun avantage sous le Règne de Dieu (notez l'ordre des mots : *mauvais et bons*!)? Pourquoi « se désâmer » à faire le bien si ça ne sert à rien? C'est que le Règne de Dieu est pour tous les humains. Selon Jésus, Dieu n'est pas être à exclure qui que ce soit de son Règne. Quiconque voudra bien y entrer sera le bienvenu. Mais alors, pourquoi ne pas vivre joyeusement pécheur en gardant le goût du Règne de Dieu? Parce qu'être mauvais, c'est être inhumain et donc malheureux. Et qu'être bon, c'est être humain et donc heureux, malgré tout ce que la vie peut avoir de duretés. Et qu'on ne peut être humain (et donc ressemblant à Dieu) en voulant le malheur d'un autre.

Un petit avertissement en terminant. Si ce *mauvais et bons* m'enrage, c'est que je ne suis pas bon, et même trop mauvais pour entrer dans le Règne.

6. Il n'y a pas de folies à faire.
Mt 25,1-13

> *Elles sont dix ados, cinq prévoyantes et cinq plutôt fofolles. Le conjoint d'un couple ami doit arriver en début de soirée, mais il tarde. On s'assoupit donc. Soudain, le voilà qui arrive! Celles qui sont prêtes s'empressent d'allumer leurs lampes, de courir au-devant de lui et de l'accompagner pour la fête. Pendant ce temps, les autres s'aperçoivent qu'il fait nuit et qu'elles n'ont rien pour s'éclairer. Le temps d'aller chercher ce qu'il faut, les portes sont verrouillées.*
> *— Seigneur, ouvre-nous !*
> *— On est censé se connaître ?*

Au temps de ma jeunesse, « la parabole des dix vierges » était fréquemment lue sur semaine dans la liturgie. Elle m'a toujours ennuyé. Aussi n'était-ce pas sans une certaine appréhension que j'ai accepté de la commenter : quoi dire là-dessus ?

Première chose à noter parce que c'est rare : dix femmes sont représentatives de l'ensemble de l'humanité. La parabole, en effet, ne parle pas des disciples, mais des humains en général. Or, ceux-ci, c'est la deuxième chose à noter et elle est un peu inquiétante, se divisent moitié-moitié en gens fous ou sensés. La recherche du critère de cette division nous amène au cœur de la parabole.

On sait qu'à l'époque où le récit est situé, entre la conclusion juridique du mariage (organisé par les parents) et la cohabitation des jeunes mariés (ils avaient douze ou treize ans), il se passait entre six mois et un an. Pendant cette période, les époux vivaient séparés, chez leurs parents. Et il y avait beaucoup à faire : construction d'une maisonnette, préparation du trousseau, fabrication d'un ameublement sommaire, etc. Toute la région savait qu'une fête de noces allait avoir lieu et s'y préparait. Et voilà le mot-clé de la parabole : préparation. L'humanité se divise entre gens qui sont prêts et gens qui ne le sont pas. Prêts comment ? Prêts à quoi ?

La parabole porte sur le Règne de Dieu. Or, ce Règne, comme les évangiles ne cessent de le répéter, sera un événement qui se fera de façon privilégiée en faveur des pauvres, des malades, des exclus. Il faut donc se préparer à la venue de ce Règne.

Comment s'y préparer ? D'abord en souhaitant sa venue (« Que ton Règne vienne ») parce qu'il se vivra à l'avantage des pauvres. Se préparer, c'est acquérir cette mentalité du Règne, qui fait qu'on est scandalisé de la marche actuelle des affaires du monde, qu'on souffre de la misère des pauvres, des jeunes, des chômeurs, des assistés sociaux, et qu'on aspire à un changement radical de régime.

Se préparer, c'est aussi poser des gestes qui se situent dans la ligne de la venue du Règne. C'est militer en vue d'une nouvelle société. C'est chercher de l'information alternative pour se désintoxiquer des poisons du néolibéralisme qui nous sont distillés de partout. C'est se rapprocher des pauvres. En somme, c'est passer pour fou ou folle aux yeux de ceux qui nous gouvernent par la parole, l'écrit et les décisions de tous ordres : politique, économique, social, religieux. Se préparer, c'est donc œuvrer en vue d'un monde à l'envers du monde actuel, où les fous d'aujourd'hui seront trouvés sensés, et inversement.

Au fond, cependant, le vrai critère de l'entrée dans le Règne est une question d'être, ce qui explique un trait étonnant de la parabole. En effet, quand les fofolles du récit demandent aux autres un peu d'huile pour pallier leur manque de préparation, elles reçoivent un non catégorique. Qu'elles prennent les moyens de s'en procurer. Les ados sensées paraissent dures. Mais il leur serait impossible de faire autrement. Nul ne peut changer un autre être humain. Ou on est fou, ou on est sensé. Et on l'est devenu, selon l'évangile, à force de décisions, de choix délibérés pour ou contre les pauvres et la justice. On ne transforme pas sa mentalité du jour au lendemain, on ne devient pas autre instantanément. Avec la vie est donnée l'occasion de devenir fou ou sage. Mais, vraiment, face au Règne, il n'y a pas de folies à faire.

Faut-il vous avouer que je me suis désennuyé à vous commenter cette parabole?

7. Les intérêts de la foi.
Mt 25,14-30

> *Un homme d'affaires part en voyage. Il charge trois de ses employés d'administrer ses biens jusqu'à son retour: au premier il confie cinq parts, au deuxième deux et au troisième une seule. À son retour, il apprend que les deux premiers ont doublé la somme reçue. Il les presse donc de continuer leur bon travail. Le troisième, quant à lui, n'a qu'une seule part à présenter.*
>   *— Qu'as-tu fait de mon argent?*
>   *— Je savais bien que tu es un homme dur. Tu attends toujours du profit, même quand c'est quasiment impossible. Je n'ai pas voulu te faire perdre ton bien. Le voici donc.*
>   *— Espèce de sans-dessein! Tu as refusé de prendre à cœur mes intérêts. Allez! vous autres, enlevez-lui sa part et donnez-la au premier. Il est digne de la recevoir; quant à lui, tout ce qu'il mérite, c'est moins que rien. Sortez-moi ça d'ici.*

    L'évangile, on le sait, est affaire d'interprétation. C'est particulièrement vrai du texte sur les *talents*. Et, ici plus qu'ailleurs, il y va de ma vie, de votre vie. Il est en effet des domaines où tout être humain le moindrement sérieux se doit de vivre dans la direction de ce qu'il pense. Et de vivre ainsi le fait, le façonne, le change, contribue à donner forme à sa personnalité. C'est ainsi que le sens de la vie se joue, c'est pourquoi il n'est pas permis de penser n'importe quoi, ni d'interpréter l'évangile n'importe comment. J'ai donc à décider de ce que veut dire la parabole des talents, donc à faire un choix parmi de multiples façons de la comprendre et, ce faisant, à orienter ma vie.

    Le texte porte sur l'essentiel: les attentes de Dieu par rapport aux croyants, désignés dans l'évangile comme ceux et celles qui ont reçu une grande richesse, à savoir la foi ou confiance. De celle-ci, chacune, chacun en a plus ou moins. Peu importe. Ce qui compte n'est pas la grandeur de la confiance, mais ce qu'on en fait. Parler des attentes de Dieu par rapport à la confiance donnée au départ, c'est dire son désir que la vie, ma vie, réussisse. Que fais-je ou qu'ai-je fait de ma vie? C'est la seule question vraiment importante qui me soit posée, et dont la réponse consiste dans l'homme ou la femme que je suis en train de devenir.

Le Dieu de la parabole est un Dieu absent. Il a donné aux siens leur dose de confiance, qui leur sera utile pour la vie. Et il est parti en voyage. À eux de s'organiser sans lui, ils ont tout ce qu'il faut. Quand il revient, les jeux sont faits. C'est le temps de rendre des comptes, lui s'attend à recouvrer *capital et intérêts*. Et rien là d'extraordinaire. Il en désire autant de tout être humain : « Tu sais que je veux récolter sans avoir semé, et ramasser sans avoir jeté. » Cette parole est très importante pour l'interprétation de la parabole. En effet, elle oriente la façon de concevoir les *intérêts* auxquels le Capitaliste a droit.

La parabole s'en prend à ceux et celles qui ont enterré leur confiance, ou, s'ils n'en ont pas reçue, qui n'ont pas fait porter de fruit à leur vie. L'Absent est le seul responsable du don des talents, de la foi ou de la confiance. Le texte ne comporte aucun appel à donner, partager ou transmettre ce qu'il est impossible à un humain de donner, partager ou transmettre, à savoir la foi ou la confiance. L'appel vise à faire porter des intérêts au capital, à faire agir la foi ou à faire fructifier l'autre sorte de vie humaine, celle qui se vit autrement que dans la dimension de la foi. Le Voyageur, à son retour, n'a que faire de se voir retourner la confiance donnée au début. Rien n'est donné qui ne doive porter fruit. Rien de pire que la solitude stérile, l'intériorité camouflée, l'intimité avec Dieu qui ne débouche pas sur l'entreprise de libération collective. La foi n'est pas au service de la foi, mais au service de l'humanité. Vous êtes le sel de la terre, la lumière du monde. Et la parabole est d'une dureté extrême pour qui ne fait pas sortir la foi du domaine de la religion, ou qui absolutise la religion aux dépens des réponses aux cris du monde. Voilà un être inutile, dont le destin est d'être jeté dehors, dans la noirceur, domaine des pleurs et des plaintes sans fin.

C'est précisément ici que le choix de l'interprétation s'impose et que le destin humain se définit. Comment suis-je en train d'orienter ma vie ? En termes clairs, et si l'on durcit la dichotomie, mon talent est-il au service du monde ou de l'Église ? La question n'a pas de sens, dites-vous, l'Église étant nécessairement au service du monde ? Allons au-delà des mots et considérons les attitudes. Si ma préoccupation de fond s'arrête à l'Église, sa structure, son organisation, ses célébrations, sa survie, son avenir, si tout mon bénévolat se fait à l'intérieur de ses murs, je risque d'être en train d'enterrer mon talent. Si je suis pleinement engagé dans une Église qui n'entre en débat avec la société que lorsque sa morale est attaquée, sans pour ainsi dire jamais s'engager au cœur des questions sociales : opposition au néolibéralisme et aux folies de l'Empire états-unien ; luttes pour une nourriture saine, pour le respect de l'écologie, des terres cultivables, de l'eau, de la vie des animaux (poules, bœufs, porcs...), ou pour un revenu minimum garanti ; préoccupations pour un partage authentique avec le reste de l'humanité, etc., ou si ces formes d'engagement ne sont pas pleinement considérées comme valables en elles-mêmes, mais entreprises avec l'objectif plus ou moins secret de combler les rangs de l'Église, alors mon talent est déjà pas mal enterré. Et si je ne vois pas le problème, ou que la question m'enrage, alors il est bel et bien enterré.

Certes, je peux me dire que je travaille pour le long terme, en vue d'une éventuelle transformation de l'Église. Mais, entre-temps, quel genre d'être humain suis-je en train de devenir, et que me dirait le Voyageur s'il était de retour *aujourd'hui*?

Cette interprétation est-elle juste? Simplement l'écrire m'a rendu heureux. Aussi ai-je peine à imaginer le bonheur de celles et ceux, mes amis, qui en vivent. Mais que dira le Voyageur à son retour?

8. Tout est arrivé.
Mc 13,24-32

> *Bientôt, le cosmos tout entier s'effondrera. Ce sera le temps de comprendre que Lui est très proche.*
> *Notre propre génération verra tout cela.*

Il est un service paradoxal que nous rendent les textes anciens sur la fin : ils illustrent clairement le fossé culturel qui nous en séparent. Ils explicitent leur vision du monde. Ils s'affichent d'une autre époque. Ils nous supplient de les creuser pour découvrir ce qu'ils ont à dire, nous amenant ainsi à le redire en hommes et femmes de notre temps. Chose qui n'est pas si compliquée qu'on est porté à le penser.

Le texte de Marc 13 commence par une affirmation à deux volets, dont l'un est évident et l'autre moins. L'affirmation de fond est la suivante : toute la réalité va ultimement réagir à la conduite humaine dans l'histoire. Or, cette réalité est de deux ordres, celui de la nature ou du cosmos et celui de l'au-delà. La réaction de la nature, présentée en premier, est clairement négative, cette dernière ne pouvant plus fonctionner selon sa logique propre ; elle qui est lumière devient ténèbres, elle qui est énergie s'effondre, ainsi condamne-t-elle sans appel les décisions humaines. Le jugement de l'au-delà, quant à lui, est laissé dans l'ombre ; la scène est préparée, on ne sait ce qui s'y dira.

Dans la seconde partie, les humains sont cette fois directement interpellés. Quand ils verront la nature ainsi déboussolée, qu'ils comprennent que la présence de l'au-delà n'est pas loin. D'ailleurs, leur génération ne disparaîtra pas que tout ne soit arrivé. Rien de plus certain.

Ce texte est à comprendre par la fin. Lu aujourd'hui, il vise la génération dominante actuelle, celle des *baby-boomers*. Elle n'est pas encore disparue que *tout est déjà arrivé*. Ce fut d'ailleurs le cas, à des degrés divers, pour toutes les générations précédentes et ce le sera, l'histoire ayant le malheur de se répéter, pour toutes celles qui suivront. Tout est arrivé.

Tout est arrivé, mais aucune génération humaine, y compris la nôtre, ne veut le voir. Pour toutes sortes de raisons. Avant qu'elle disparaisse, elle est si bonne, la vie. Avant qu'elle ne s'effondre, elle est si belle, la nature. En surface, quand par pudeur elle cache le dépotoir qu'on en a fait, elle est si belle, la mer. Avant de dévorer la peau que la couche d'ozone n'arrive plus à protéger, il est si doux, le soleil. Avant d'avoir empoisonné l'air, elle est si utile, l'auto. Tant qu'il ne coûte pas trop cher, il est si commode, le pétrole. Tant qu'ils bombardent ailleurs, ils sont si charmants, entreprenants et débrouillards, les États-uniens. Tant qu'elles créent des emplois, elles ont bonne renommée, les usines qui vivent de contrats avec l'armée, les manufactures de cigarettes, les compagnies qui vivent de maladies mortelles. Aussi longtemps qu'ils n'ont pas clairement causé de catastrophes écologiques ou de maladies graves, ils se multiplient sur les tablettes, pudiquement anonymes, les aliments génétiquement modifiés. Aussi longtemps qu'ils restent chez eux, qu'ils achètent nos produits et nous reçoivent chaleureusement dans leurs chez-soi si pittoresques, ils ont notre sympathie, les milliards de pauvres du monde. Avant de détruire petit à petit la nature terrestre et, plus tard, de s'attaquer au reste du cosmos, ils apparaissent dignes de respect, les financiers et hommes d'affaires qui, sans mandat de personne, fixent les règles du jeu de l'économie mondiale, ou les gouvernants qui détruisent l'État pour leur obéir, ou les experts et journalistes qui s'en font les porte-parole, et tous ceux qui créent le désespoir au service de cette machinerie écrasante.

Oui, tout est arrivé. Le jugement de la nature est clair. Et parce que nous avons vu cela arriver, il nous appartient de comprendre *que Lui est proche, aux portes.* De qui s'agit-il ? De Lui, qu'il convient de laisser dans son mystère. Lui à l'origine de la nature, du cosmos et de la vie. Lui si discret que seule la confiance peut l'approcher. Lui qui jusqu'ici, et agira-t-il un jour autrement ? n'a jamais de lui-même transformé le réel à sa guise. Mais à sa façon, il est proche, aux portes, créant chez des humains cette chose incroyable qu'est cette conviction : l'écrasante machine de mort qui envahit monde et cosmos sous nos yeux n'a que la fragilité d'un monstre aux pieds d'argile.

9. Dormez-vous ? Dormez-vous ?
Mc 13,33-37

> *C'est comme un homme parti en voyage. Chaque employé sait ce qu'il a à faire et c'est le temps de garder les yeux ouverts. Ce ne serait pas drôle si leur patron les retrouvait endormis. Gardez donc les yeux bien ouverts !*

Lire un texte ancien, c'est comme faire un voyage. Ce qui frappe au début, c'est l'ailleurs, l'étrangeté, la différence. Puis, à la faveur des conversations et rencontres, une autre expérience s'approfondit, celle de la ressemblance, de la parenté. Tous les humains sont de la même famille.

Notre génération est bien installée dans la vie. Comme toutes les générations, elle se voit comme le joyau de l'histoire humaine. Et elle est plus ou moins consciemment portée à dévaluer les précédentes, surtout les plus lointaines. À l'heure de la globalisation, des bombes « intelligentes », de la communication instantanée ou de l'information disponible sur commande, comment ne pas se sentir supérieur aux anciens ? Réaction de l'enfant à qui ses grands-parents racontent l'entrée chez eux de la première télévision. Y avait-il donc une vie avant toile et télé ?

Eh oui ! Et la même qu'aujourd'hui, avec simplement quelques gadgets en moins. Gadgets qui peuvent certes ouvrir des horizons de connaissances ou faciliter la vie, mais qui ne sont d'aucune utilité vis-à-vis du seul test important que passe tout être humain, réussir sa vie ou être heureux. Dormez-vous, nous demande le texte, ou êtes-vous réveillés ?

La vie humaine, nous dit-il, se passe dans une maison dont le propriétaire est parti en voyage après avoir indiqué à chacun son ouvrage. Sur ces simples mots, finies l'étrangeté, la différence, la soi-disant supériorité. Les générations se retrouvent dans la même famille, aux prises avec la même expérience.

Dieu (ou le seigneur) est absent, silencieux, inactif. La maison a-t-elle d'ailleurs jamais eu un propriétaire ? Quelqu'un l'a-t-il jamais fait bâtir ? Personne pour contrôler le personnel, pour voir aux réparations, pour agencer harmonieusement la vie. Le maître est parti en voyage. Aucun humain ne l'a jamais vu à la maison. Aucun gadget ne pourra jamais le détecter. Aucun raisonnement le démontrer. Aucune expérience s'assurer de lui. Pour nous, comme pour eux jadis, la vie, *c'est comme un homme parti en voyage*. Que faisons-nous à la maison ?

Le grand malheur semble celui d'être endormi, de ne pas être réveillé ou en état de veille. Dormez-vous ? Dormir, c'est ne pas faire l'ouvrage que le propriétaire a confié avant de partir. Et l'ouvrage est le même pour tous, c'est de faire fructifier ses talents ou, en d'autres mots, de réussir sa vie. Dormez-vous ? Vous seul, vous seule pouvez en avoir, peut-être (c'est une grâce), l'intuition. Vous seule, vous seul pouvez entendre l'appel lancé à tous : *veillez*.

Vous dormez si vous êtes en train de rater votre vie. Le mot biblique pour péché vient du geste de l'archer qui rate la cible. Le pécheur est un raté. Un raté. Pas nécessairement un méchant. Simplement quelqu'un qui s'est laissé endormir par la vie, les pressions de l'entourage, les décisions au travail, les petits choix quotidiens dans lesquels cherche à s'étancher la soif de bonheur. Dormez-vous ? Personne d'autre que vous ne peut le dire. Mais il y a des signes. Paniquer devant le face-à-face avec soi. Avoir laissé le vide s'installer entre soi et les autres. Chercher le plein dans les gadgets, les plaisirs artificiels. Se désintéresser du sort des démunis et des opprimés : pas d'argent et surtout pas de temps pour les pauvres. Quel malheur que d'être trouvé ainsi engourdi, endormi, n'ayant pas fait l'ouvrage confié.

Car il viendra, le maître. Même s'il n'existe pas (la foi n'est pas une certitude). Même s'il n'a jamais existé, il viendra. Quand ce ne serait qu'à la mort, qui, elle, viendra sûrement. Regardez autour de vous, si vous ne dormez pas trop. Et regardez mourir les humains. Et vous verrez que plus on est fier de sa vie, plus on meurt heureux. Autrement, on a le sentiment d'avoir été trahi par la vie, de ne pas avoir goûté à tout ce qu'elle pouvait donner, et on meurt en colère, aigri, sinon désespéré. Les anciens n'avaient pas nos gadgets, mais ils étaient de notre famille. À travers les âges, ils nous disent des choses que toile et télé ignorent encore.

Les écoutez-vous ou dormez-vous ?

10. Une génération déboussolée.
Lc 21,5-19

> *Faites bien attention à ne pas vous laisser déboussoler.*
> *Beaucoup se diront mes représentants.*
> *Les désastres causés par les humains ou la nature ne manqueront pas de survenir.*
> *Le système aura peur de vous et vous harcèlera.*
> *Confiance. C'est à force de résister qu'on découvre la vie.*

Je vous avoue avoir éprouvé un mouvement de déception quand j'ai pris connaissance du texte que j'avais à commenter. Pas encore la fin du monde!

Eh oui! ai-je découvert, encore la fin du monde parce que c'est toujours la fin du monde! Malgré le temps qui nous sépare de leur rédaction, il est fascinant de suivre les versets de Luc, lentement, et de prendre conscience qu'ils parlent de nous. Cela est surprenant, parce que chaque génération est portée à penser qu'au fond elle est la première à vivre une vie humaine digne de ce nom, à l'image de ces adolescents, convaincus d'inventer l'amour, qui ne peuvent imaginer que leurs parents aient pu s'aimer comme eux. Aujourd'hui, croyons-nous, nous savons communiquer, puisque nous disposons de l'ordinateur. Aujourd'hui, il nous est certainement possible d'être heureux comme jamais auparavant. Bien malheureux donc ceux et celles qui vivaient hier, sorte de sous-humains avec lesquels nous avons bien peu de choses en commun. Or voilà que, par la magie d'un texte, ces moins-que-nous se mettent à parler et, sourire en coin, à nous révéler la richesse de leur approche de la vie.

D'abord une mise en garde fraternelle: « Faites bien attention à ne pas vous laisser déboussoler. » (21,8) Je n'oublierai jamais cette confidence d'un psy de mes amis: il existe des gens incapables de trouver en eux-mêmes la direction à donner à leur vie. Notre société se présente comme un supermarché d'opinions, de recettes de bonheur, de spiritualités, de voies vers l'intériorité. Fais ce que tu veux, je te respecte, mais respecte-moi. Ma génération s'est douloureusement libérée d'une vision religieuse qu'on lui avait imposée d'autorité, les suivantes font face à une floraison d'interprétations sur le sens de la vie. L'une avait les pieds dans le béton, les autres l'ont sur un plancher mouvant. L'une voulait se dégager pour vivre libre, les autres cherchent à avoir les pieds sur du solide. « Faites bien attention à ne pas vous laisser déboussoler. » Cette petite phrase, à l'air bien anodin, dit une parenté qui traverse les millénaires et laisse entrevoir des questions qui sont celles d'une vie : prise de conscience de l'existence d'une boussole intérieure, vérification de la justesse des indications qu'elle donne, fidélité à en suivre l'orientation, identification des compagnons et compagnes de route. Ils sont bien utiles, nos ordinateurs, mais nulle est leur capacité de nous rendre moins déboussolés que les anciens.

Il arrive à chaque génération de perdre le nord, cela arrive même à la nature. Il y a toujours eu « guerres et désordres, secousses » et « choses terrifiantes » (vv. 9.11). Les humains ne parviennent pas à prendre le chemin de la paix, et la nature en souffre. Il se lève toujours un Empire qui prétend détenir le secret du bonheur et décide de l'imposer aux autres en les mettant à son service. On s'arme au nom de la paix, on tue pour la vie, on agresse la planète pour promouvoir son confort et son bien-être. Jadis, les peuples pouvaient prétendre que les dieux leur imposaient leurs dirigeants. Aujourd'hui, ils les choisissent *pour* qu'ils imposent leurs vues à l'humanité et accentuent leurs attaques contre la nature, signe d'un « déboussolement » collectif. Il n'y a pas à s'en surprendre, le texte nous le dit, il en sera toujours ainsi.

Nous ne sommes pourtant pas condamnés à être partie prenante d'un tel déboussolement.

Il nous est permis de réagir et de décider de vivre alignés sur l'orientation donnée par notre boussole intérieure. Mais — le passage le dit brutalement (vv. 12-17) — chacun le fait à ses risques et périls. Cela donnera lieu à des griefs sans fin et entraînera des divisions très sérieuses dans sa famille et son groupe d'amis. Une génération qui a pris le parti de vivre déboussolée résiste farouchement à se voir montrer le nord. Il lui faudrait se rebâtir autrement, refaire ses institutions, réorienter ses choix. Cela irait contre les intérêts de trop de monde. Doucement mais fermement si c'est possible, avec violence autrement, elle mettra au pas celles et ceux qui la contestent.

Finalement, nous dit le texte, à la mesure de notre fidélité à suivre les orientations de notre boussole intérieure, nous aurons eu les autres contre nous, mais nous aurons vécu vraiment (v. 19). Ici, cependant, une couple de mises en garde sont de mise. Rien ne dit que l'autre, qui vit dans la même direction que moi, utilisera les mêmes mots que moi pour en rendre compte, tout comme il est possible que tel autre qui utilise mon code religieux ait une tout autre orientation : ma vraie sœur, mon vrai frère, c'est le premier. Et, enfin, mon bonheur de vivre ne garantit pas la justesse de mes choix.

C'est toujours dans un contexte de fin du monde qu'on cherche le nord.

VII. Fin

1. « Mon Dieu, pourquoi m'as-tu abandonné ? »
Mc 14,1–15,47

> *À Jérusalem, le Fils de l'homme sera remis aux mains des officiels, qui le condamneront à mort, lui feront subir toutes sortes d'humiliations et finalement l'exécuteront.*

Si vous le voulez, nous allons, comme si c'était la première fois, refaire notre chemin de croix avec lui, à la suite de Marc.

1. Ce sont les grands qui décident de le tuer, pasteurs et théologiens du temps. Pas le petit peuple des pauvres qui, d'instinct, sait reconnaître les humains proches de Dieu.

2. Les grands, qui se préparaient à gaspiller sa vie, font mine de s'indigner d'un gaspillage de parfum. Lui, ironique, les invite alors à la cohérence face aux pauvres qui sont avec eux. Mais sans se faire d'illusions.

3. Un des siens le livre aux grands. La trahison d'un ami fait particulièrement mal.

4. Il résume sa vie dans le partage du pain (le nécessaire) et du vin (le superflu). Ce geste dit tout de Dieu. Mais c'est un geste dangereux, car il condamne la gestion économique de toute l'histoire humaine. Les grands l'ont bien compris, qui ne l'ont pas émoussé en simple et innocent geste religieux.

5. Les disciples sont prêts à tout pour lui. Ironie : ils dorment (ou font semblant), alors que la peur de la mort l'inonde et que le scandale face à l'inaction de Dieu le submerge. Laisser monter cette peur et ce scandale, ils sont prière.

6. C'était pour que s'accomplissent les Écritures qu'ils l'ont arrêté. C'est à bien comprendre. Chaque fois qu'ils arrêtent un défenseur des pauvres (en l'empêchant de parler, en le méprisant ou en le tuant), ils accomplissent les Écritures, certes. Non parce que Dieu veut cette arrestation, mais parce que c'est une loi de l'histoire. Ils le font chaque fois que surgit un humain libre et proche des pauvres.

7. Le grand prêtre, entouré de « suiveux », est naturellement scandalisé de rencontrer un homme libre. Un faux prophète, bien sûr. Hommes de Dieu qui traitent le fils de Dieu de faux prophète ! L'ironie est terrible.

8. Ils n'avaient pas le droit de le mettre à mort, le pouvoir romain ne le permettait pas. Ils en font donc l'exécuteur de leur verdict de mort, traduisant l'accusation de faux prophète en termes politiques : un terroriste. Mais Pilate n'est pas dupe : « roi des Judéens ! » inscrit-il sur l'écriteau. Querelle de grands, aux dépens de l'homme des pauvres et sur le dos de Dieu.

9. Et ils le crucifient.

10. Et il meurt en criant, après avoir clamé son désespoir face à l'abandon de Dieu. Fils de Dieu que l'abandon de Dieu désespère. Ne pas évacuer ce désespoir trop vite, lui aussi est prière. Prière que ne cessent de prononcer beaucoup d'humains qui se croient loin de Dieu, et que ne cessent de banaliser beaucoup de croyants qu'elle scandalise.

11. « Vraiment cet homme était le fils de Dieu », s'écria le centurion. Dieu se reconnaît dans ceux et celles qui sont exécutés à cause de leur liberté et de leur solidarité avec les pauvres. Dire de Jésus qu'il est vrai Dieu, c'est proclamer cette sorte de Dieu. Un Dieu silencieux et absent, qui abandonne les siens.

12. Aussi seules quelques femmes ont-elles le courage de le regarder, de loin.

2. Écrasé par le système.
Lc 22,1 — 23,56

> *Le Fils de l'homme s'en va comme il en a été décidé à cause du désordre des choses* (22,22).

Les anciens savaient l'histoire de la fin de Jésus, mais ils voulaient se la dire dans la foi, d'où leurs récits de la Passion. Puis deux millénaires nous en ont fait voir le sens. Mais que fut donc cette histoire ?

Jadis, au lendemain de la mort de Salomon, les ancêtres du Nazaréen s'étaient soulevés contre le Sud qui les dominait, et avaient décidé de se donner leurs propres rois. Maintenant, comme eux, les siens souffraient des taxes et des coutumes que les Judéens et les Romains, leurs maîtres, leur infligeaient. Mais bientôt, tout cela allait changer. Le Règne de Dieu était proche ; c'est Dieu lui-même qui serait le roi de son peuple, pas un homme du Sud. À échelle humaine, il n'y aurait plus de roi centralisateur, on allait retourner au système ancestral des douze tribus. Et ce seraient douze hommes du peuple qui en seraient les leaders, personne de ces élites qui ne savent qu'exploiter le pays. En attendant, lui, qui ne se voyait même pas parmi les Douze, encore moins comme roi à leur tête, se devait d'aller au plus pressé. Guérir ces pauvres gens que la misère rendait malades, les rendre conscients de leur dignité, refaire les communautés disloquées, raviver l'espérance dans le grand changement qui s'en venait. Pas surprenant que les Galiléens, le voyant faire, aient rêvé de lui comme de leur roi.

Cependant, loin de s'améliorer, la situation se détériorait. Le système créait plus de malades que lui n'en pouvait guérir. La mainmise de Jérusalem sur la Galilée se durcissait. Cela ne pouvait pas durer. Malgré le danger, il se rendrait donc au sud, en Judée, à Jérusalem, au temple même, au centre du pouvoir, lui annoncer sa fin. C'est ce qu'il fit. Quelques-uns le reconnurent à son arrivée : « Libération ! » (*Hosanna !*), lui criaient-ils, non sans alarmer les autorités. Il réussit à se rendre au temple et, symboliquement, à annoncer la destruction de cette institution devenue stérile, mauvaise même. C'en était trop. Le pouvoir ne pouvait pas se permettre de rester sans réagir. Lui, entrant dans une certaine clandestinité, trouva une salle où passer la Fête avec les Douze. Il leur signifia comment accomplir la fonction qu'il leur avait assignée : en partageant le pain avec leur peuple dont ils seraient responsables, nourrissant la fraternité.

Mais l'un d'eux le trahit. On l'arrêta. Les autres s'enfuirent. Il fut condamné comme faux prophète : s'attaquer au temple du Dieu vivant était impardonnable. Comme un faux prophète mérite la mort mais qu'une telle sentence ne pouvait être appliquée par les autorités de Judée, politiquement sous tutelle, il fut livré aux Romains. Tablant sur la propension des Galiléens à se soulever et à se choisir un roi populaire pour le mettre à leur tête, on le présenta comme prétendant royal opposé au pouvoir impérial. Le préfet n'avait pas besoin qu'on lui fît un dessin. Il le condamna à la crucifixion. Sur l'écriteau, on inscrivit le motif de la sentence : *Jésus le Nazôréen, le roi des Judéens* (Jn 19,19) ! Il fut condamné comme roi, lui qui ne s'était même pas inscrit dans le groupe des Douze ; il mourut comme roi des Judéens, lui, le Galiléen qui s'était constamment opposé à la domination judéenne sur sa Galilée et n'avait voulu de roi que Dieu. Dans le Deutéronome il est écrit :

> *Et si un homme [...] a été mis à mort et que tu l'as pendu à un bois, tu ne laisseras pas son cadavre passer la nuit sur le bois, mais tu le mettras au tombeau ce même jour, car c'est une malédiction de Dieu qu'un pendu. Tu ne rendras donc pas impure ta terre que Yahvé ton Dieu te donne en héritage* (21,22-23).

Pour les autorités de Jérusalem, en ces dernières heures avant le sabbat et la pâque, il était urgent d'obéir au précepte. Un membre de la Cour suprême, Joseph d'Arimathie, fut donc dépêché auprès du préfet romain pour obtenir le corps. On se hâta de le descendre dans un drap et, sans plus de cérémonie, de le déposer dans une tombe réservée à proximité pour de tels condamnés. Parmi les siens, seules quelques femmes, incapables d'intervenir, regardaient cette dernière humiliation qu'on lui faisait subir.

Quelques semaines plus tard, les premiers chrétiens oseront dire à Jérusalem même que « Dieu l'a fait seigneur et messie, ce Jésus que vous, vous aviez crucifié » (Ac 2,36). Se trouve donc posée, depuis, cette question : qui est-il, ce Dieu qui a ainsi approuvé la conduite de Jésus en Galilée, son geste contre le temple et son opposition aux modes de gouvernement de Jérusalem et de Rome, et comment juge-t-il aujourd'hui nos propres institutions politiques, sociales, économiques ou religieuses ? Devra-t-il toujours mourir, écrasé par le système ?

3. Gare au système !
Jn 18,33-37

> — *Alors, tu es le roi des Judéens !*
> — *C'est ce que tu penses ou tu ne fais que répéter ce qu'on t'a dit ?*
> — *Est-ce que j'ai l'air d'un Judéen, moi ? C'est ce que dit ton gouvernement.*
> — *Je ne veux rien savoir du système.*

L'évangile de Jean oppose Jésus, l'homme de Galilée, aux Judéens. Ce sont deux façons de vivre qui s'affrontent — celle du Nord et celle du Sud —, deux judaïsmes, deux interprétations de l'existence, deux visages de Dieu. En Jean, les Judéens représentent le « système » tel qu'il se vit à Jérusalem. C'est un système complet, concret. La Judée vit sous protectorat romain, il faut donc composer avec l'Empire, lequel est arrogant, suffisant, brutal, sûr de son bon droit comme tous les empires. Le système, parce qu'il implique une société, a donc des composantes politique, économique, sociale, religieuse. La vie est réglée par les décisions des grands, qui négocient entre eux, gèrent les relations internationales et le commerce, tout en se situant dans la lignée de la tradition du peuple. En toute bonne foi — présumons-le —, ils font donc bénir leurs décisions par Dieu et assurent les bonnes relations entre le peuple et Lui, en organisant un culte, une vie de prière qui soient conformes à Sa volonté, et en forçant l'application de règles morales qui soient en harmonie avec la Torah. Ce système est en vigueur en Judée et il est centré à Jérusalem, au temple, en particulier. Il n'est pas sans faille, mais il fonctionne. Et il fonctionne, pour une large part, parce qu'il va de soi pour à peu près tout le monde.

Or, arrive le Galiléen. Et il voit les choses tout autrement. Il voit Dieu autrement, le sabbat autrement, l'autorité autrement, la tradition autrement. Tout. Le système ne peut le supporter. Il admet qu'on puisse être brutal, corrompu, traître ou mécréant. Tout cela relève de l'inévitable faiblesse humaine. Mais il ne supporte pas qu'on mette en cause sa légitimité, qu'on relativise son autorité, qu'on vive d'autres valeurs que celles qu'il cherche à imposer. Le système « sait » ce qui est bon pour la société et ne tolère pas qu'on récuse son savoir. Mieux vaut donc en faire mourir un seul pour sauver tous les autres.

Le système — ou, pour reprendre l'expression johannique grecque, les *Ioudaioi* (expression souvent traduite par « les juifs ») — a donc livré Jésus à l'occupant romain. On a tellement peur de lui qu'on remet un fils d'Abraham à un représentant de l'Empire païen pour le faire mettre à mort. Or, le Romain méprise souverainement ce peuple judéen plus attaché à ses coutumes qu'à la culture internationale du temps. Il va donc jouer le Galiléen contre ses accusateurs et il s'amusera à le qualifier de « roi des *Ioudaioi* », attaquant ainsi de front aussi bien celui qui s'était toujours opposé aux visées centralisatrices de la Judée sur sa patrie, que ses adversaires, insultés de se voir affublés d'un roi pareil. Quand l'accusé lui demande d'où il tient pareille désignation, le Romain répond, méprisant : « Suis-je *Ioudaios*, moi ? », sans se douter que sa question devait recevoir une réponse tout à fait inattendue. En effet, l'orgueilleux Préfet de l'Empereur est bien convaincu de n'avoir rien en commun avec la peuplade retardée dont il a la charge. Mais, dans le contexte de l'évangile, il faut répondre un étonnant « Oui ! » à sa question. Oui, il est un *Ioudaios*, un Judéen, parce que, sans s'en douter, il fait le jeu du système en vigueur, il n'est qu'un pion sur l'échiquier de l'organisation sociale mise en place par les humains. Aussi, malgré tout son pouvoir apparent, n'est-il qu'un pauvre type face à un homme de dignité royale, lui, puisqu'il s'était mis au service de la vérité. On est grand par ses choix.

Dans le texte du dialogue entre Jésus et Pilate, la dimension religieuse, sans être carrément absente, est loin de tenir la première place. Jésus n'a pas été condamné que par la religion. Il est mort parce qu'il avait cherché à humaniser sa société. Mais, dans les systèmes organisés par les humains pour y vivre, eux-mêmes tiennent rarement la première place. On y cherche toujours à les rendre esclaves de quelqu'un ou de quelque chose : Dieu, la religion, l'économie, la politique. Le « système » est toute douceur pour les coupables de millions, de milliards de dollars de malversations : pauvre nature humaine ! mais il est impitoyable pour ceux qui en refusent radicalement la pertinence. Il ne tolère pas qu'on le refuse. On se souvient de la hargne manifestée par l'Empire contre la France qui avait jugé non pertinentes les raisons apportées de faire la guerre à l'Irak. Le système abhorre qu'on s'oppose à lui. Ou, enfin, comment oublier cette sortie d'un évêque canadien condamnant à l'enfer un homme politique qui refusait de suivre les directives de l'Église romaine sur le mariage des homosexuels ? L'Église « comprend » les pécheurs, mais elle est d'une dureté extrême pour qui refuse de se voir juger par elle.

Le système est de toujours, il existe partout, il nous entoure et nous tire constamment à lui. Le Galiléen nous met en garde : la vérité est ailleurs.

VIII. Recommencement

1. Il fait encore nuit.
Jn 20,1-10

> *Quand Marie se rend au tombeau, il fait encore nuit. La pierre qui en fermait l'entrée a été déplacée. Le corps n'y est plus. Elle court avertir les hommes, qui vont voir et reviennent perplexes.*

Les débuts de la foi chrétienne sont marqués d'obscurité. Noirceur, d'abord, de la conduite imposée par l'Empire aux esclaves trop empressés à le servir. Matthieu l'a bien senti qui fait recouvrir la terre de ténèbres à la mort de Jésus. Ténèbres du lâchage de tous, selon Marc, même celui des partisans les plus convaincus. Ténèbres effrayantes de l'abandon de Dieu lui-même : « Pourquoi ? Pourquoi ? » se demanda le condamné en mourant. Ténèbres d'une vie fauchée pour avoir annoncé une ère de liberté ; d'une mort atroce, humiliante de nudité à la face de tous ; d'un ensevelissement à la sauvette, pour éviter que la terre de Dieu ne soit profanée par le cadavre d'un terroriste pendant au bois.

Il fait encore nuit, quand Marie se rend au tombeau. Seule lueur d'humanité dans les ténèbres d'une mise à mort que l'histoire a l'indécence de répéter indéfiniment, souvent au nom de Dieu, toujours au nom de l'Empire. Pourquoi est-elle restée à Jérusalem, alors que les hommes ont fui vers la Galilée ? Pourquoi revenir au tombeau alors qu'il est trop tard pour parfaire un enterrement bâclé, hargneux, presque indigne d'un être humain ?

Est-il permis à un homme de suggérer qu'elle a agi en femme ? Ou faut-il qu'il fasse toujours nuit et qu'au nom de l'égalité entre hommes et femmes, on nie à Marie la densité féminine de son geste ? Les hommes ont leurs façons, parfois émouvantes, d'être humains. Les femmes aussi. Et ces façons ne sont pas toujours les mêmes. Les femmes sont corps autrement que les hommes. Elles sont moins sensibles à son aspect machinerie harmonieuse, puissante, efficace. Elles font nécessairement l'expérience du sang. Elles apprennent, rapidement et d'expérience, sur elles et les autres, comment toucher, laver. Depuis toujours, elles apprivoisent les malades, soignent les blessés, rendent les derniers devoirs aux morts. Pourquoi Marie est-elle restée à Jérusalem ? Pourquoi est-elle allée au tombeau ? Certainement parce qu'elle avait aimé le Nazaréen. Elle voulait le pleurer, signe d'humanité, geste traditionnel des femmes, expression de son profond désarroi, lueur tremblotante au milieu d'épaisses ténèbres.

Le geste de Marie a été jugé tellement significatif que tous les évangélistes le rapportent. Ils en font l'occasion d'une visite angélique au cours de laquelle est proclamée la résurrection de Jésus, ou même — comme c'est le cas chez Matthieu ou Jean —, d'une apparition du ressuscité en personne. Pourtant, il subsiste une ombre, quelque obscurité, irait-on jusqu'à parler de ténèbres ? En effet, dans tous les récits évangéliques, la visite de Marie au tombeau n'a de sens que par rapport aux expériences des hommes. Ici, par exemple, Jean prend un raccourci historique en situant Pierre et l'autre disciple à Jérusalem le matin de Pâques. De fait, c'est seulement après avoir repris leur métier de pêcheurs et avoir été rencontrés par le seigneur que les partisans de Jésus reviendront à Jérusalem, et que Marie les conduira au tombeau. Mais il est évident que la visite des hommes prend le pas sur celle de leur compagne. Même chose par rapport au récit qui suit : l'apparition du christ à Marie pâlit par rapport à celle aux disciples, elle est même orientée vers cette dernière. Et, encore plus troublant, l'expérience de Marie est complètement passée sous silence dans l'énumération des apparitions offerte par Paul en 1 Corinthiens 15,5-8. Pourquoi alors avoir parlé d'elle si c'est ensuite pour la reléguer dans le silence de l'obscurité ?

Oui, les débuts de la foi chrétienne sont bien marqués d'obscurité. On dirait que le christ ressuscité a moins de marge de manœuvre que le Jésus de Nazareth. Ce dernier accepte de contrevenir aux façons de faire du temps en touchant des femmes en public, ou en se faisant même accompagner de femmes qui n'hésitaient pas à mettre de leurs biens au service du groupe. On devine le scandale. Mais le christ, tout en leur donnant un signe de reconnaissance, semble les remettre à leur place, la seconde par rapport aux hommes. Et d'aucuns actuellement ne se gênent pas pour y déceler une décision ferme, incontournable, irrévocable. Il fait encore nuit pour les femmes d'aujourd'hui.

Pourtant, la pierre est toujours enlevée du tombeau. Il suffit de regarder pour voir, et croire. Et le tombeau est toujours là, vide. Les hommes sont partis ou, s'ils y sont encore, si peu nombreux; ils sont silencieux ou, s'ils parlent, tellement insignifiants. Mais les femmes, elles, y sont, nombreuses, qui savent rassembler, toucher, dire l'amour, envoyées pour rencontrer la vie, qui est ailleurs, pour rejoindre les disciples qui s'ignorent encore. C'est la victoire du ressuscité, le signe de l'identité entre Jésus et le christ. Il ne reste qu'à voir et croire et nul besoin de la permission de personne pour en tirer les conséquences.

En attendant, il fait encore nuit.

2. Le vide.
Mt 28,1-10

> Le jour s'éveille quand les deux Marie se rendent au tombeau. À leur arrivée, tout se met à trembler, elles de même, puis la Voix leur parle.
>> Je sais bien que vous cherchez Jésus le crucifié. Il n'est plus ici. Il a été mis debout et vous attend en Galilée. Allez le dire aux autres.

Le texte de Matthieu est un récit. De la théologie racontée. De la foi mise en image. Mais à 2000 ans de distance, l'image nous apparaît parfois brouillée. Vite, le décodeur.

Le récit met en scène l'Ange du seigneur. Dans la Bible, cet ange n'est pas un ange ordinaire, c'est une façon de désigner le Patron en personne. Dieu prend la peine de dire que Jésus ne fait plus partie de l'histoire. Le tombeau est vide. Il y a là une première interprétation de la vie de foi sur laquelle il vaut la peine de réfléchir un peu. L'intervention de Dieu nous y invite. Le tombeau est vide. Jésus est parti. Mais au contact de ce vide, la foi est possible.

L'expérience du vide est quotidienne. Jésus est parti. Dieu est absent. Après 2000 ans, on dirait que rien n'a changé. On dirait même que ça empire. Les grands mettent en place un système monétaire, d'échanges internationaux et de production qui affame les pays pauvres, et leur envoient ensuite un bol de riz sous l'œil vigilant de l'armée. Les emplois dignes de ce nom se volatilisent. Des maladies terribles apparaissent venant d'on ne sait où. Des milliers d'enfants meurent chaque jour, faute de nourriture ou de médicaments. Jésus est parti et Dieu semble impuissant. Il n'est pas ici. Le vide. Que grande est la tentation de combler, tellement il semble menaçant. Il est ici, dans l'hostie. Il est ici, dans ce pape infaillible. Il est ici, dans ce dogme ou cette loi morale. Il est ici, dans ce catéchisme qui dit la vérité, toute la vérité, rien que la vérité.

Il n'est pas ici, dit l'Ange du seigneur.

Où donc est-il, alors ? En Galilée, où l'Ange convoque les disciples ? Mais quand Matthieu rédige son récit, il y a plus de cinquante ans que les apparitions ont eu lieu et que plus personne ne voit le Ressuscité. Aussi faut-il déborder les limites de notre récit pour comprendre ce que l'Ange veut nous dire, aller au dernier verset de l'évangile : « Et moi, je suis avec vous tous les jours, jusqu'à la fin des temps. » Voilà donc où il est. Avec vous qui faites face au tombeau vide. Avec vous qui venez d'apprendre la maladie mortelle qui vous mine. Avec vous qui êtes fatiguée de chercher à endiguer des vagues ininterrompues de misère. Avec vous que le mal et la souffrance scandalisent. Avec vous qui êtes terriblement en colère contre Dieu. Avec vous qui avez perdu toutes vos certitudes et vous demandez pourquoi vous Lui feriez encore confiance. Avec vous qui ne savez comment prier. Avec vous qui ne voyez pas comment Il pourrait encore vous aimer. Avec vous qui avez souvent honte de l'Église.

De grâce, ne cherchez pas à combler le vide, à coups de réponses et de certitudes. Laissez-le vous scandaliser, vous questionner, vous déranger, vous humilier, vous déstabiliser. Vous en rencontrerez beaucoup comme vous. Des frères et des sœurs. Et vous saurez la foi. Et vous pleurerez. De joie.

3. Alors, ils l'ont reconnu.
Lc 24,13-35

> *Ils s'en vont à Emmaüs. Ils n'en finissent plus de ressasser les événements. Ça ne s'arrange pas quand un inconnu se joint à eux, il ignore ce qui s'est passé ! Et eux de tout lui raconter. Et lui de rester imperturbable. Leur histoire est de tous les temps, par exemple... Ils en sont apaisés. Ils l'auraient écouté toute la nuit. Mais le temps de rompre le pain qu'il n'est plus là.*
> *Quand on a compris, on sait que c'est grâce à lui, déjà Ailleurs.*

Saluons à distance notre frère ou sœur de jadis qui a rédigé le récit d'apparition à Emmaüs. Voilà quelqu'un qui écrivait pour des gens qui nous ressemblaient. Ils l'avaient sous les yeux et n'arrivaient pas à le reconnaître. Que leur fallait-il de plus ? Pour comprendre, projetons-nous dans le texte.

Maintenant, dans leur aujourd'hui, il est là avec eux, mais ils n'arrivent pas à le reconnaître. Et voilà qu'il leur dit: « De quoi êtes-vous en train de parler ? » Et eux de lui raconter leurs problèmes. La foi et l'espérance, c'était beau jadis, mais tout cela est bien fini. L'Église vieillit. Les jeunes, qui autrefois auraient rempli couvents et presbytères, militent maintenant dans les groupes et organismes populaires. Sans référence explicite à Dieu ou Jésus Christ. Même la connaissance de nos racines religieuses disparaît. Notre peuple se ressource à d'autres traditions religieuses que celle qui nous a nourris pendant si longtemps. Et on n'a encore rien dit de la situation économique ou sociale qui se détériore à vue d'œil, de la nature attaquée de toutes parts, de guerres et de famines abominables. Que peut bien faire Dieu ou son christ là-dedans ?

Et lui de leur parler du passé. Des prophètes qui se demandaient s'il se trouvait un seul croyant dans leur peuple. D'Isaïe réduit à chercher le messie d'Israël parmi les païens. Du Nazaréen, qui rencontrait plus de foi chez tel païen ou tel Samaritain que chez les siens. De la situation désespérée du peuple, à l'époque, victime de taxes insensées, réduit à la misère, opprimé par la puissance d'un Empire destiné à durer encore des siècles. Du formalisme des traditions religieuses qui coupaient le peuple de son Dieu, de la petitesse d'un agir sans commune mesure avec la grandeur du malheur du temps. Et de la réaction des grands, incapables même de supporter l'éclat de cette petite lueur d'espérance. Et de la mort de Jésus. Et de l'insigniance des petites communautés chrétiennes au temps du Nouveau Testament. Et des luttes, et des tensions, et des déchirements, et des départs. Et de la fidélité.

Ils commençaient à se rendre compte qu'ils n'étaient pas différents des anciens, de Jésus lui-même. Que la foi est une petite et simple chose, toute proche de la vie. Que l'Église est grande quand elle est petite et cesse de penser à elle. Que la rencontre avec Dieu se nourrit de la fréquentation des pauvres. Que la fraternité chrétienne échappe aux définitions des Églises, et s'expérimente là où frères et sœurs vivent de liberté et de solidarité avec les pauvres. Quelles que soient leurs idées sur Dieu. Et que la joie de Dieu est le bonheur tout simple des humains.

Le soir venu, il fit mine de les quitter. Mais ils voulaient encore l'entendre parler. Aussi l'invitèrent-ils à manger avec eux. Et la conversation se poursuivit, autour d'une miche de pain et d'une bouteille de vin. Et ils comprirent que c'était lui qui les avait fait sortir de leur déprime. Qui leur avait appris que la crise de l'Église n'existait que dans leur tête. Que la foi et le christ étaient extraordinairement présents autour d'eux. En eux. À les rendre tout brûlants.

Et depuis, ils ne cessent d'en parler partout. Et de rompre le pain et de verser le vin. Après tout, c'est ainsi qu'ils l'avaient reconnu, pourquoi ne serait-ce pas la même chose pour les autres ?

4. S'agit de comprendre.
Lc 24,36-48

> Le voilà soudain parmi eux, à leur souhaiter la paix.
> Mais ils ne sont que peur et terreur : un revenant !
>> Mais non ! c'est moi ! Regardez. Mes mains, mes pieds. Touchez. Vous savez bien qu'un revenant n'a ni chair ni os...
>
> Étonnement, joie, incroyance surtout.
> Il leur demande donc de quoi manger (tout le monde sait qu'un revenant, ça ne mange pas !).
> Ils ont du poisson séché. Il le mange sous leurs yeux. Ce qui lui est arrivé, leur dit-il, était inévitable. Le même sort les attend, comme il attend ceux qui les écouteront.

Luc le savait bien. Paul, quelque trente ans avant lui, avait frappé le même mur : les Grecs ne voulaient rien savoir de la résurrection. Redevenir une âme purifiée, libérée de ce corps pesant et mortel, voilà bien l'espérance vraie. Quoi ! On serait encore corporel dans l'au-delà ? Allons donc ! Même les chrétiens d'origine grecque éprouvaient ces mêmes réticences, profondément enracinées dans leur culture. Ressusciter, voilà qui était correct pour Jésus, un être exceptionnel, mais pas pour eux. Mur bien humain, mur de l'incompréhension interculturelle. Une âme désincarnée ne disait rien de bon aux enfants d'Abraham de Palestine. Une survie corporelle rebutait les autres. Quoi faire ?

Pas question pour Luc de laisser tomber le langage sur la résurrection, c'est en lui que la foi s'était dite depuis les débuts. Pas question non plus de laisser tomber les siens en les obligeant à ne plus être eux-mêmes, il aurait été infidèle à sa tâche. Comment s'y est-il pris ? Regardons-le aller.

D'abord, il prend les objections à bras-le-corps, les poussant à l'extrême. Qu'est-ce qui nous dit que jadis — il y a de cela plus de cinquante ans – ce n'est pas un fantôme que les Onze et les autres ont vu? Qu'est-ce qui appuie la condition corporelle de la survie? Et Luc de sortir l'artillerie lourde: on avait pu voir le Nazaréen, pieds et mains percés; on aurait pu le toucher si on l'avait voulu (il ne dit pas qu'ils l'ont fait); il a même mangé devant eux. Que demander de plus? C'est pourtant ici que survient, dans ce récit, quelque chose de tout à fait étonnant, à savoir que l'évangéliste, tout en démolissant les objections, s'empresse aussitôt de relativiser les résultats de sa propre argumentation. En effet, en plein cœur de la première partie de son texte, il dit bien que les témoins *restent incroyants*. Et il ose même terminer cette partie de la scène sur un silence assourdissant: toute cette démonstration n'a servi à rien, la foi ne vient pas de là, cela n'a même rien à voir avec la foi.

Luc se devait de s'écarter de ces discussions stériles sur la nature de la résurrection ou du corps ressuscité pour montrer que l'origine de la foi se situe ailleurs. « Et il leur dit: voici les choses dont je vous ai parlé quand j'étais encore avec vous », à savoir que l'Écriture devait s'accomplir. Accéder à la foi, c'est comprendre cela. De quoi s'agit-il au juste? Simplement de comprendre les paroles de Jésus, comprendre que sa vie se situait dans la lignée de l'Écriture. Comprendre cela implique qu'on y rende témoignage, c'est-à-dire qu'on vive en conséquence, ce qui est possible si on est animé par le Souffle de Jésus.

Le don de la foi est à la fois celui d'un souvenir, d'une interprétation et d'un témoignage. Voilà ce qu'il importe de comprendre, voilà ce qu'est croire en Jésus. Au fond, il s'agit de s'inscrire dans une lignée. Sur cette lignée se situent l'Écriture, Jésus, les générations chrétiennes qui ont suivi (y compris celle de Luc) et les croyantes ou croyants d'aujourd'hui. Fait partie de la lignée quiconque comprend ceci: À la fois, Jésus s'explique par les Écritures, et les Écritures permettent de comprendre Jésus.

Ceci dit, une remarque s'impose. L'Écriture n'a rien à voir avec un ensemble d'indices destinés à faire porter le regard sur Jésus, et ce dernier n'est pas un super-décodeur capable de déchiffrer des allusions plus ou moins chiffrées qui auraient pointé vers lui. Comprendre l'Écriture, comprendre Jésus et se comprendre comme témoin d'aujourd'hui – ou : avoir la foi –, c'est *voir* la réalité humaine avec quelque chose du regard de Dieu. C'est être capable, même de façon très limitée, de lire cette réalité de façon critique. C'est se rendre compte de l'immense mensonge dans lequel se débattent les dirigeants politiques, depuis que le monde est monde. C'est reconnaître, depuis toujours, l'inhumanité des systèmes économiques, l'égoïsme de la finance, la rapacité du commerce, le formalisme du religieux, le manque de respect de toutes ces réalités pour la nature ou l'humain. C'est se rendre compte que croire, ou avoir la foi, ou comprendre l'Écriture comme Jésus l'a interprétée ou comme elle-même annonce ce dernier, signifie nécessairement devenir plus ou moins marginal dans sa société, son entreprise, sa communauté religieuse, son Église. Et devenir marginal, c'est d'une certaine façon envisager la mort. Parce que toute société, tout mouvement ou groupement est d'ordinaire impitoyable pour les marginaux. *Il fallait qu'il meure.* Il était inévitable qu'il meure. Et, depuis sa mort et sa résurrection, croire en lui, c'est annoncer, en la vivant déjà, une nouvelle façon de vivre. Nouvelle façon qui condamne l'ancienne et provoque donc beaucoup d'irritation.

Comprendre cela, c'est croire. Et croire ainsi ne peut venir que de Lui. Et croire qu'on pouvait le toucher mais ne pas comprendre cela, c'est être incroyant.

5. Une grosse journée.
Jn 20,19-23

> *Au milieu de la nuit, il avait été mis debout au fin fond du shéol. Au petit matin, sur terre, il avait rencontré Marie. L'après-midi il était monté auprès de son Père du ciel.*
> *C'est maintenant le soir. Il est descendu au milieu des siens. Il les envoie poursuivre le travail, en soufflant sur eux le pouvoir d'action qu'il vient de recevoir.*

On peut dire qu'il avait eu une journée occupée.

Cette nuit-là, il était au plus profond du shéol, on ne peut plus mort, depuis une journée et demie. Alors qu'en haut, sur terre, il faisait encore sombre, il avait été réveillé, mis debout par le Souffle de Dieu, et emporté près de l'endroit où il avait été enseveli. Il y avait salué Marie, le temps de reprendre souffle. Puis il avait été élevé encore plus haut, tout en haut du plus haut des cieux, dans la demeure de Dieu, à sa droite même. Et il y avait reçu la seigneurie et la tâche de continuer son œuvre. Dans toutes les cultures, et jusqu'à la fin des temps. En faisant agir le Souffle de Dieu lui-même, à qui il devait son nouveau mode de vie et ses nouveaux pouvoirs.

C'était maintenant le soir en bas, et les siens étaient apeurés. Devait-il aller les retrouver ? Même quand on est le seigneur, les choses ne sont pas simples. Surtout quand on est le seigneur, et donc qu'on respecte absolument la liberté humaine. Comment ne pas trahir sa mission ? Devait-il se choisir *un* être humain comme lui, homme ou femme, par génération, avec la charge de vivre comme lui, toute sa vie ? Ou pouvait-il faire confiance aux siens (qu'il connaissait bien) et à ceux qui viendraient après eux (qu'il connaîtrait bien assez vite !), leur confier le Souffle qu'il venait de recevoir et les envoyer comme il avait été lui-même envoyé ? Il préféra la voie communautaire, et les risques de l'institution, à la solitude de la mission individuelle.

Il reprit donc son Souffle, et retraversa les cieux en sens inverse pour aller retrouver les siens. Il leur apportait trois choses. D'abord, le bonheur, qui ne court pas les rues, mais qui serait là pour celles et ceux qui accepteraient de devenir humains à son image. Ensuite, un travail, ce qui ne court pas les rues non plus et, de surcroît, un travail épanouissant parce que fondé dans la personnalité même de Dieu. Et, enfin, le Souffle de Dieu, depuis peu devenu le sien, Souffle qu'il allait utiliser fois après fois pour dynamiser ses frères et sœurs et les orienter à travers âges et cultures.

Mais il leur fallait faire attention au mode d'emploi. D'abord vient le Souffle, qui donne l'orientation de fond. De cette orientation surgit le travail au service des pauvres toujours aimés de Dieu. Et du travail bien accompli naît doucement le bonheur, en compagnie de sœurs et de frères tellement aimés depuis tant d'années. Pourvu, se disait-il, qu'ils ne cherchent pas à obtenir le bonheur en repoussant indéfiniment le travail. Mais il avait confiance. Il avait certainement fait le bon choix.

Et à bout de souffle, il remonta vers Dieu au terme d'une bien longue journée.

6. Est-il trop tard ?
Mt 28,16-20

> *J'ai reçu le pouvoir suprême.*
> *Allez !*
> *Partout, vous en trouverez qui vous sont destinés comme sœurs et frères.*
> *Accueillez-les, puisqu'ils sont dynamisés par le Père, le fils et le Souffle saint,*
> *et apprenez-leur à vivre comme vous et moi.*
> *Je serai toujours là pour vous y aider.*

Matthieu a écrit son évangile pour qu'on comprenne bien sa finale. Dispersés parmi toutes les nations, il se trouve des disciples potentiels du Nazaréen. Il s'agit de les retracer et de les accueillir, pour que, animés par le Souffle de Jésus, ils s'engagent publiquement à vivre comme ce dernier et donc comme le Père de là-haut. Comment cela sera-t-il possible ? À une condition, essentielle.

Apprenez-leur à vivre comme vous et moi.

Et si cette condition est remplie, s'ensuit une promesse :

Je serai toujours là pour vous y aider.

C'est là le contrat fondamental, l'alliance nouvelle. Chaque partie voit son engagement défini. Et Matthieu a passé son évangile à montrer ce que cela signifiait pour les siens, en particulier dans son sublime « Sermon sur la montagne » des chapitres 5 à 7, où l'objectif est clairement formulé : « Soyez aussi accomplis que votre Père dans les cieux. » (5,48) Et le reste du Sermon de déployer le sens de cet appel : contestation sociale, vie en profondeur, prière subversive qui contredit les visées de l'Empire, liberté vis-à-vis de l'argent, relations humaines claires, etc. C'est dans cette direction que se situe l'engagement pris par les chrétiens. Et à cela répond la promesse: la présence quotidienne de Jésus jusqu'à la fin des temps. C'est simple, c'est clair.

Mais voilà qu'*entre* les deux parties du contrat se pose un énorme problème, terriblement compliqué. En effet, que se passera-t-il si les chrétiens ne se conforment pas à l'engagement qu'ils ont pris? Dans ce cas, la promesse de Jésus tient-elle toujours? Ce qui devrait étonner, ce n'est pas la question, mais cette légèreté avec laquelle les chrétiens font appel à la présence assurée de Jésus. Nous avons les promesses de la vie éternelle, ne cesse-t-on de répéter. Il y aura des chrétiens jusqu'à la fin des temps. Règne sur nous un sauveur universel, cosmique. Nous pouvons en faire à notre tête, l'Église est là pour toujours. Tout comme les contemporains de Jérémie, jadis, convaincus que rien de fâcheux ne pouvait leur arriver, se fiaient au *Temple de Yhvh! Temple de Yhvh! Temple de Yhvh!* (Jr 7,4), nous nous enfonçons dans l'illusion de la pérennité sans condition de l'« Église de Jésus Christ! Église de Jésus Christ! Église de Jésus Christ! » Méprisons les femmes, à coups de décrets « irrévocables », d'exclusions pour des motifs inavouables, d'humiliations indignes. Servons-nous des jeunes, pour pouvoir nous glorifier de les voir s'enfoncer dans nos ornières sacrées. Oublions le Sermon sur la montagne, nions notre liberté d'Église et réfugions-nous dans l'idéologie officielle: l'Église de Rome a les promesses de la vie éternelle, attention aux schismes, tout sauf se couper de Rome, le salut par les forces vives de la bureaucratie vaticane. Rompons les liens avec les groupes populaires, laissons au « monde » pervers l'opposition à la mondialisation, les manifestations contre l'Empire, l'engagement écologique, la lutte contre la pauvreté, et tournons-nous vers les riches pour remplir nos coffres, faire un succès de nos campagnes de souscription, entretenir nos fondations, subventionner nos recherches, nous conseiller sur les meilleures façons de nous débarrasser de notre personnel dévoué et restructurer nos organisations sur le modèle des rapaces qui égorgent le pauvre monde. Oublions notre raison d'être qui est de contester radicalement les façons de faire iniques de nos sociétés, et mettons toutes nos énergies au service de nos sacrements et de nos bâtiments. Puis tournons-nous vers le seigneur : « Béni sois-tu d'être avec nous jusqu'à la fin des temps ! »

On n'en revient pas d'une telle inconscience. Pour qui prend-on le Dieu vivant ? Certes, nul ne détient la clef de l'avenir, personne n'est dans le secret des dieux. Mais ce n'est pas parce que l'Église existe maintenant qu'elle sera là demain. Et ce n'est pas parce qu'un futur différent n'est pas encore clairement présent qu'il n'est pas en train d'advenir. Le temps n'est pas à la désespérance mais au discernement. Nombreux sont déjà celles et ceux qui, contre toute espérance, refusent de baisser les bras devant la démission de l'Église et la lâcheté des États. Il y a plein de jeunes dans les groupes populaires. Nombreux sont les gens engagés à créer un nouveau théâtre, une nouvelle danse, une autre peinture, une musique différente, une littérature audacieuse. Sans parler de celles et ceux qui œuvrent en vue du respect de la nature, s'engagent dans des mouvements de solidarité sociale ou internationale, ou décident de suivre les appels à la simplicité volontaire. Tous unis à l'écoute d'une voix profonde, qui les tire ailleurs, au risque de leur confort et de leur sécurité. Certains l'ignorent, d'autres s'en doutent, plusieurs le savent déjà. Le Dieu vivant prépare son futur dans l'histoire. Il est déjà présent ailleurs, là où se vivent les orientations qu'il chérit.

Reste à savoir si son Église rejoindra les lieux de sa présence, ou si, pour elle, il est déjà trop tard.

7. Condamnés à croire autrement.
Lc 24,44-53

> *Il leur montre que tout le contenu de l'Écriture le concerne et que les choses n'auraient pas pu se passer autrement. Voilà ce qu'il fallait dire à tout le monde, à l'aide du Souffle du Père de là-haut qui allait bientôt les dynamiser. Là-dessus, il les laisse – joyeux tout de même – et est emporté au ciel.*

Le texte qui clôt l'évangile de Luc exprime le cœur de la foi chrétienne; et pourtant, impossible pour beaucoup de femmes et d'hommes croyants d'y souscrire tel qu'il est rédigé. Ce n'est pas sans intérêt d'y réfléchir. Reprenons-le donc point par point, ne craignant pas d'entasser les difficultés.

Jésus fut le prophète du Règne de Dieu. Ce Règne était la passion de sa vie; il impliquait l'expulsion des Romains, un renversement des conditions sociales, un partage intégral des biens, la dignité humaine et la santé pour tous. Il s'intéressait tellement au Règne qu'il se préoccupait fort peu de lui-même. Il n'était pas homme (il en était même tout le contraire) à se voir lui-même annoncé dans les Écritures. Il se serait scandalisé lui-même. D'ailleurs, et en dépit de la scène dépeinte par Luc sur la visite à Nazareth au chapitre quatrième, le Nazaréen, semblable en cela à l'immense majorité de ses contemporains, ne savait même pas lire. Comment donc aurait-il pu parcourir les Écritures à sa propre recherche? D'ailleurs, existait-il même, dans toute la pauvre Galilée des années 30, ne fût-ce qu'une seule série complète des rouleaux de la Bible dont la liste des livres reconnus comme canoniques n'allait être établie qu'un demi-siècle plus tard (précisément autour des années où Luc écrit son évangile)? Il a donc parlé de nouvelles conditions de vie plutôt que de lui-même, n'a jamais eu une Bible complète entre les mains et n'a par conséquent pas lu ce que sa condition de charpentier de village ne l'avait jamais préparé à aborder.

Deuxième difficulté, la Première Alliance était et est encore loin de se présenter comme un livre à clefs, où seraient cachés une foule d'indices permettant de décoder la vie de Jésus, indices que des humains de très grande foi ou d'extrême perspicacité seraient en mesure de repérer ou d'interpréter. Certes, la vie de Jésus se situe en continuité avec le visage de Dieu que tracent les écrits anciens; sa souffrance n'est pas sans lien avec celle des prophètes de jadis; le jugement positif de Dieu à son égard se comprend à la lumière de sa façon déconcertante d'apprécier les humains et l'ouverture de la révélation à toutes les nations a des précédents dans l'Écriture. Mais Luc rédige son texte en homme du passé, pour qui, Dieu étant le maître absolu de l'histoire, tout ce qui s'y déroule est prévu et organisé d'avance. Les humains n'ont qu'à se conformer et se plier à une volonté qui fait tout arriver selon son bon désir. Il avait beaucoup moins que nous le sens de la liberté de la création, tant matérielle que consciente, liberté qui se manifeste dans la direction qu'elle donne à son existence et dont Dieu doit tenir compte dans sa gérance de l'univers. S'il y a telle liberté, la création du réel se fait à mesure du déroulement de son existence. Et il n'y a pas telle chose qu'un « plan » de Dieu sur lui, plan prédéterminé, annoncé et destiné à se réaliser à coup sûr. Aussi scandaleux que cela puisse paraître, Dieu n'avait pas « prévu » Jésus. Il n'a pas tout organisé en fonction de lui, tout annoncé à partir de ce qu'il aurait su d'avance de lui. Il l'a plutôt découvert avec joie: *comme tu me ressembles, j'ai été fier de toi* (Mc 1,11).

Et le texte se termine sur le départ de Jésus au ciel, et celui du groupe large des disciples à Jérusalem (24,34.52-53). Ici, autant sinon plus que précédemment, s'étire la distance nous séparant de la vision que l'évangéliste se fait du monde. Pour lui, Dieu étant physiquement (oserait-on dire) en haut, au ciel, il est tout naturel qu'il dépeigne un Jésus qui y est emporté (comparer avec Ac 1,10-11). Et il ne voit pas de problème à faire monter Jésus au ciel le soir de Pâques, à la fin de son évangile, et quarante jours plus tard, au début des Actes (1,3). Mais nous, comment pouvons-nous comprendre, conformément à notre vision d'un cosmos infiniment grand, une montée physique vers un au-delà situé hors de l'espace et du temps ?

Les difficultés qui viennent d'être soulevées relèvent d'un texte qu'un évangéliste, plus de cinquante ans après les événements et conformément à la mentalité de son époque, n'hésite pas à rédiger à propos d'un être appartenant à la réalité de l'au-delà. Ce faisant, Luc rejoint de très belle façon la foi de sa communauté et, par contrecoup, la nôtre. Mais sa façon de faire nous force à nous demander quels mots d'aujourd'hui devraient être employés pour nous permettre de dire comment nous voyons le Jésus de l'histoire et comment le christ de la foi nous interpelle.

Nos textes nous invitent donc à croire autrement, ce qu'eux (ni leurs commentateurs) ne peuvent faire à notre place.

8. Croyez-vous à l'Ascension ?
Mc 16,15-20

> *Allez annoncer la bonne nouvelle partout. C'est une question de vie ou de mort.*
> *Faites confiance, il se passera plein de choses qui appuieront vos paroles.*
> *Ceci dit, il fut enlevé au ciel où il s'assit à la droite de Dieu.*
> *Et, depuis, ce qu'il a promis se confirme.*

Il faut partir de la fin pour trouver le sens du présent récit d'Ascension. Le dernier verset de l'évangile de Marc énonce un fait et en fournit l'interprétation. Le fait, c'est la réalité de la mission chrétienne. Quant à l'interprétation, elle était provoquée par le succès de cette mission. Car il n'y avait aucune mesure entre les paroles ou les gestes des missionnaires et leur effet. Il fallait donc qu'une puissance autre soit active à l'occasion de la prise en charge de leur mission, pour que celle-ci porte autant de fruits. Impossible qu'on les ait crus sur parole, alors que la foi est chose si interpellante. Mais qu'était donc cette puissance ?

Une puissance qui pousse à vivre comme Jésus et rend sensible aux valeurs de l'évangile ne pouvait venir que du Ressuscité lui-même. Pouvait-on vraiment en rendre compte autrement ? Celui-ci était donc rendu dans la dimension de Dieu (*le ciel*) et, plus spécifiquement, il devait être « à la droite de Dieu ». Car la droite d'un souverain était précisément la place qu'occupait celui qui était chargé d'administrer les affaires du royaume à sa place. Voilà donc comment on s'expliquait le succès de la mission : le seigneur Jésus avait été transposé dans la dimension de Dieu, qui lui avait donné le pouvoir de continuer son œuvre sur terre, par l'entremise de celles et ceux qu'il dynamisait à son service.

C'était lui, reprenons le texte au début, qui les envoyait à travers le monde, faire arriver une bonne nouvelle dans l'humanité (*la création*). C'était lui qui leur donnait l'espérance d'un bonheur absolu (*le salut*), espérance qui pouvait être formulée en négatif (*la condamnation*); en effet, comment pourraient-ils être heureux ceux qui refusent de s'engager sur la voie du bonheur offert? Surtout que ne manquaient pas les signes appuyant l'agir et la parole des envoyés: guérisons (*démons* chassés, *infirmes* en santé), capacités de s'inculturer (*langues nouvelles* parlées), expériences de se sortir de situations dangereuses (*serpents, poisons*), etc. La puissance du seigneur les entourait.

Nos ancêtres ne faisaient pas qu'adhérer à une formulation quand ils proclamaient l'Ascension du seigneur. Ils offraient une interprétation, la seule qui leur paraissait apte à rendre compte de leur expérience chrétienne. Ils vivaient leur vie sous un seigneur qui ne cessait d'agir avec eux, quand ils se mettaient à son service.

Mais ils formulaient leur interprétation à l'intérieur de leur vision du monde, qui situait Dieu en haut (au *ciel*) et le seigneur Jésus à sa droite, et leur faisait attribuer à Dieu l'exercice de dons somme toute très humains: dons de guérison, apprentissage des langues, etc.

Pour nous reconnaître dans leur texte, il n'est pas nécessaire d'abandonner notre vision du monde. Il suffit de laisser monter en nous l'étonnement, quand nous prenons la relève de leur mission. Étonnement de rencontrer la foi encore aujourd'hui. Étonnement d'être témoins de tant de gestes de courage, d'héroïsme, de bonté, de justice, de liberté, de solidarité avec les pauvres.

Puis il suffit de se laisser aller à interpréter. Comment serait-ce possible sans que le seigneur intervienne encore aujourd'hui?

IX. Prolongements

1. Rendre la foi croyable.
Ac 1,1-11

> *Avant d'être enlevé au ciel, il leur promet que le Père de là-haut leur enverra le Souffle saint. Mais eux veulent surtout savoir si le Règne tant attendu va finir par arriver.*
>
> *Ça ne vous regarde pas. Vous avez un travail à faire qui vous conduira au bout du monde.*

Incroyable Luc! Il a écrit non pas un mais deux récits d'ascension. Et sans se soucier de les harmoniser. Le premier se passe le soir de Pâques, à Béthanie, à quelque trois kilomètres de Jérusalem (Lc 24,50). Le second se tient quarante jours plus tard, au mont des Oliviers, à environ un kilomètre de Jérusalem (Ac 1,3.12). Difficile de penser que Jésus ait été enlevé au ciel deux fois, à quelques semaines de distance. Difficile même de penser que Jésus soit monté au ciel et qu'il *viendra de la même manière*. *Incroyable* Luc!

Les textes sur l'Ascension soulèvent, pour les croyants d'aujourd'hui, des problèmes qui ne sont pas de foi mais de culture. D'abord, il est évident que les anciens ne racontaient pas les choses comme nous. Luc ne voit aucune difficulté à déplacer le lieu ou le moment de l'Ascension. Ou à raconter l'apparition à Paul de trois façons différentes (ch. 9;22;26). Ce qui n'est pas placé au même endroit mérite d'être exprimé autrement. Luc a d'autant moins de problèmes qu'il sait fort bien n'être pas en train de décrire un événement historique. Rédigeant trente ans après Paul, il sait, comme celui-ci l'écrit lui-même (1 Co 15,8) en 55, que les apparitions ont eu une fin. La dernière, celle à Paul, a eu lieu entre 33 et 35, donc quelques années après la mort de Jésus. Il a fallu quelques décennies pour que les chrétiens des débuts concluent à la fin des apparitions. Tablant sur cette certitude, que nul ne contredisait à l'époque, Luc ose faire ce que nul n'avait osé avant lui : décrire cette fin sous les traits d'une élévation au ciel, après que se fut écoulée une période sacrée de quarante jours. Somme toute, il dit de façon imagée ce que les autres affirmaient de façon abstraite. Ce faisant, il pose évidemment aux croyants d'aujourd'hui un premier problème culturel : si le récit n'est pas la description d'un événement historique, quel en est alors le sens pour la foi ?

Second problème culturel. La façon dont les anciens se représentaient le monde a peu à voir avec la nôtre. Ils s'imaginaient le firmament comme une voûte solide, entourée d'eau. Près du sommet de cette voûte, « aux cieux », le Dieu vivant avait sa demeure. Pour voyager tout là-haut, il disposait d'un véhicule, les nuages : « chevaucheur des nuages », l'appelait-on. C'est à partir de cette vision du monde que Luc façonne son récit. Si personne ne voit plus Jésus, c'est qu'il n'est plus ici-bas, il a quitté la plaque de l'histoire. Puisqu'il est ressuscité, il n'est plus dans la caverne du bas, la demeure des morts. Il ne lui reste donc plus qu'un lieu de résidence possible, soit les cieux, maison de Dieu. S'il s'y trouve, c'est donc qu'il y est monté. Et, pour le transporter là-haut, un seul véhicule disponible : les nuages. Ne reste plus qu'à écrire. L'Ascension se fait des environs de Jérusalem, le soir de Pâques, dans l'évangile, car il s'agit de conclure le temps de Jésus ; dans les Actes, on a besoin d'une période de temps, quarante jours, pour préparer le temps de l'Église. Ce sont les exigences de la narration qui conditionnent la description.

On devine toute la distance culturelle qui sépare de tels récits des croyants d'aujourd'hui. Plus question de faire voyager Jésus, en son corps physique, à travers les espaces interstellaires, pendant quelque quinze milliards d'années. D'ailleurs, pour aboutir où ? Dieu n'est pas plus au fin fond de l'univers qu'ailleurs. Racine de l'être, il n'est nulle part mais sous-tend tout de l'intérieur. Il faut descendre en soi pour monter vers lui.

Incroyable Luc. Impossible pour nous de croire les choses comme il nous les raconte. Mais possible de rencontrer la foi à l'intérieur de ce qu'il raconte. Avec la tâche, immense, effrayante, pressante, de la redire en nos mots, selon notre vision du monde, dans notre culture, pour les nôtres. Sous peine de leur rendre la foi incroyable.

Il nous est interdit de continuer à *regarder vers le ciel*. Et même d'écouter ceux qui nous invitent à le faire. Car ils sont trop nombreux ceux qui comptent sur nous pour leur rendre Dieu croyable.

2. Sans mandat.
Ac 11,19-21

> *À la suite de la mort d'Étienne, les chrétiens de culture grecque sont chassés de Jérusalem. Certains se déplacent vers le nord, en suivant la côte, ou traversent à Chypre. Il va de soi qu'on ne parle de Jésus qu'aux seuls juifs. Pourtant, à Antioche, certains d'entre eux, originaires de Chypre et de Cyrène, prennent l'initiative de parler de lui à des païens. Et, ô surprise! le seigneur devait bien soutenir leur action puisque de nombreux païens se mirent à croire en lui.*

Commençons par rappeler un contexte ancien. On se souvient d'Étienne, un judéo-chrétien de culture grecque mis à mort à Jérusalem pour avoir développé une théologie par trop subversive. Lui ainsi écarté (Ac 7), ses copines et copains dans la foi, poursuivis eux aussi, prirent peur et se dispersèrent un peu partout. Là-dessus, le petit texte cité au début prend la relève et, on ne peut plus brièvement, raconte la suite.

Le croiriez-vous? À part la résurrection de Jésus, ces quelques lignes décrivent l'événement majeur du christianisme primitif. Jusque-là, seuls des descendants d'Abraham pouvaient croire en Jésus. Mais voilà qu'un jour, sans permission, sans mandat, sans autorisation, sans consultation, sans réunion de comité, de commission, de synode ou de concile, par une initiative venant des régions et non de la capitale, de la part de parlant-grec venus d'ailleurs et non d'authentiques parlant-araméen comme Jésus l'avait été, à la suite d'une décision prise par la base et non par la tête, presque sur un coup de tête, oserait-on dire, des chrétiens osent parler de Jésus à de vrais païens, lesquels se découvrent tout d'un coup interpellés par le seigneur qui, lui, se met à diriger leur vie. Le bureau-chef s'émeut (11,22), mais le seigneur est plus fort que lui.

Rêvons maintenant. N'est-il pas légitime de penser qu'il y a aujourd'hui au moins autant de chrétiennes et de chrétiens en dehors des Églises qu'il y en avait jadis en dehors du peuple juif ? N'en rencontrons-nous pas tous les jours, gens que la foi attire mais que la religion rebute ? N'est-il pas légitime de penser que, s'ils ont une telle foi, c'est le seigneur qui la leur a donnée ? Et que s'il la leur a donnée en dehors de l'Église, c'est pour qu'ils y restent ? Et que Paul avait raison de lutter pour que les païens vivent leur christianisme à la païenne, comme les juifs le faisaient à la juive ? Et qu'il devrait y avoir aujourd'hui des façons juive, musulmane, bouddhiste, zen, non religieuses ou athées (pourquoi pas ?) de vivre la foi ? Et que le seigneur d'aujourd'hui, s'il est le même que celui de jadis, se donne toute liberté d'agir sans mandat ou autre facétie juridique, et qu'il attend pour faire agir son dynamisme (sa *main*, comme dit littéralement le texte) que certaines ou certains prennent l'initiative de rassembler les siens ?

Se pourrait-il qu'il n'y ait pas de plus grand péché que d'attendre une décision de l'organisation avant d'agir ? Et qu'aujourd'hui, comme ce fut si souvent le cas dans le passé, les brebis n'aient pas de pasteurs parce que ceux-ci choisissent l'organisation contre leur peuple ?

Après tout, Jésus avait-il un mandat ?

3. Une question d'initiative et d'ouverture.
Ac 15,1-2.22-29

> *Des frères de Judée, gens d'origine juive, bien sûr, descendent à Antioche pour dire qu'il faut d'abord se faire juif si on veut devenir chrétien. Paul et Barnabé sont furieux et le font clairement savoir. La communauté décide donc de les envoyer avec d'autres en délégation à Jérusalem. Après discussion, les disciples de Jésus et les responsables de la communauté se rendent aux arguments des gens d'Antioche. On rédige donc cette lettre à leur intention.*
>
> *Le Souffle saint et nous avons décidé de nous en tenir à l'essentiel, soit ce que demande l'Écriture à tout être humain : pas de sang, ni de viande sanglante ou offerte aux idoles, ni de libertinage. Ainsi tout ira bien. Salut.*

Naturellement, le bureau-chef a paniqué. Jusque-là (près de 2000 ans, ce qui n'est pas rien), l'affaire était restée à l'intérieur du peuple. La révélation de Dieu avait visé juste. Même Jésus, si ouvert, avait défendu à ses partisans d'aller vers les païens ou les Samaritains (Mt 10,5b). Or, quand Jésus n'a pas voulu quelque chose, comment l'Église pourrait-elle se mêler de vouloir le contraire ? D'ailleurs, elle le voudrait qu'elle aurait les mains liées, n'est-ce pas ? Toujours est-il que, sur une initiative privée, c'est-à-dire sans mandat, des inconnus prennent une décision qui va tout chambarder. Même Luc, cinquante ans plus tard, n'en revient toujours pas, il se sent obligé de faire précéder leur geste d'une superrévélation accordée à Roc (Pierre) lui-même, révélation que Roc va ensuite raconter à deux reprises, pour atténuer le scandale de cette initiative sans précédent (Ac 10,1–11,18). Voilà donc ce qui s'est passé.

> *Ceux donc qui avaient été dispersés par l'oppression arrivée au sujet d'Étienne traversèrent jusqu'en Phénicie, Chypre et*

Antioche [...] Il y en avait quelques-uns, hommes cypriotes et cyrénéens, qui, étant venus à Antioche, parlaient aussi aux Grecs, annonçant comme bonne nouvelle le maître Jésus (11,19-20).

Depuis cet instant, le plus important peut-être dans toute l'histoire de l'Église (une toute petite initiative privée, prise sans mandat), plus rien n'est pareil. Jusque-là, il y avait une foi, une Église, *une* religion. Après, il y eut une foi, une Église et *deux* religions. En un tout petit instant, on apprit cette vérité, qu'on s'est empressé d'oublier depuis, à savoir que la foi peut se vivre dans de multiples systèmes religieux.

Remarquez que cela ne s'est pas fait sans mal. Le bureau-chef envoie d'abord Barnabé à Antioche. Sur place, celui-ci se rend à l'évidence : les chrétiens d'origine païenne sont aussi croyants que ceux d'origine juive. Il s'assure alors du concours de Saul (11,22-25). Puis, avec Saul, il travaille fort à Antioche une année entière (11,26). Ce laps de temps terminé, les deux prennent leur courage à deux mains et vont faire rapport à Jérusalem (12,25), avant d'entreprendre ensemble un premier grand voyage missionnaire (13-14).

Un jour, et nous arrivons au texte d'Ac 15, des chrétiens descendus de Jérusalem cherchent à défaire l'histoire : il ne peut y avoir d'Église, disent-ils, qu'à la juive. Flottement chez les chrétiens d'origine païenne. On se réunit donc à Jérusalem. On discute. Ça parle fort. Et la décision tombe, aux conséquences incalculables : pas besoin de se faire juif pour devenir croyant.

Par la suite, en quelques décennies, les chrétiens d'origine païenne vont se retrouver en majorité dans l'Église. Le pouvoir va vite passer de Jérusalem à Rome. Rapidement, les chrétiens d'origine juive vont perdre leur influence. On retourne à une foi, une Église, une religion.

De l'histoire ancienne, direz-vous. Non ! de l'histoire à revivre. Depuis dix-neuf siècles, il n'y a qu'une religion chrétienne (en plusieurs familles), pensée, réalisée, dirigée par des Européens. Depuis peu, on commence à se rendre compte que, si le christ désire *une* Église, il la veut européenne en Europe, africaine en Afrique, asiatique en Asie, américaine dans les Amériques, océanienne en Océanie. Sans parler des différentes cultures en interaction dans ces territoires. Et sans parler (faut-il dire surtout?) de la capacité de la foi de s'exprimer dans plusieurs systèmes religieux radicalement différents.

Si jadis on a pu prendre conscience que la foi était donnée à des païens, aujourd'hui il faut se rendre compte qu'elle est donnée à des juifs, et à des musulmans, et à des bouddhistes... Jadis, certains disaient, à tort, qu'il fallait se faire juif pour devenir croyant. Aujourd'hui, pourquoi faudrait-il se faire chrétien pour être croyant? Pourquoi ne pourrait-on pas être croyant à la façon chrétienne? ou juive? ou musulmane...?

Peut-être l'histoire va-t-elle recommencer. Initiative privée. Panique. Discernement. Mission. Discussions. Décision. Espérons seulement que nous saurons démontrer autant d'ouverture que les anciens.

4. Un cosmos tout neuf.
Ap 21,1-5

> *Je vois venir ciel nouveau et terre nouvelle. Car le vieux monde est à jamais disparu.*
> *Je vois aussi une nouvelle ville qui descend du ciel, d'auprès de Dieu.*
> *Et j'entends une Voix, une Voix forte.*
>> *Voici la nouvelle habitation de Dieu avec les humains.*
>> *Il sera avec eux. Ils seront ses peuples.*
>> *Il essuiera leurs larmes.*
>> *Plus jamais de mort, de cri, de souffrance. Car le vieux monde est à jamais disparu.*
>> *Oui, dit Dieu, je ne fais que du neuf.*

Les anciens s'attendaient à tout un changement au moment de la résurrection. Il allait certes y avoir le jugement des humains. Mais ce n'était qu'une toute petite partie de l'affaire. Le futur, en effet, contenait un renouvellement radical du cosmos. Souvenons-nous, si nous voulons comprendre ce qu'ils nous disent, qu'il n'y a pas d'au-delà, pour eux. Pas d'ailleurs, d'autre dimension, de réalité hors de l'espace et du temps. Tout se joue dans le cosmos, à l'intérieur duquel Dieu lui-même habite : *Notre Père, qui es aux cieux...* Impossible donc de penser renouveau radical de l'existence humaine, sans considérer le réaménagement du cosmos. Et considération il y eut.

La vision cosmique des anciens était simple. Elle contenait la caverne des morts sous la surface du sol (sous-sol), la plaque terrestre où vivaient les humains (rez-de-chaussée) et les cieux, demeure de Dieu (étage du haut). Sur ce fond de scène, voici quels sont les réaménagements envisagés. À la fin du chapitre 20 de l'Apocalypse, la rénovation commence par s'attaquer à l'étage du sous-sol. Changement de locataires d'abord : auparavant, tous les morts se retrouvaient entassés dans la caverne du dessous ;

à partir de la résurrection, seuls ceux qui avaient démérité de la vie allaient s'y retrouver logés. Changement de décor ensuite : tout ce beau monde se retrouvera dans un étang de feu. On monte maintenant au rez-de-chaussée, où on ne se reconnaîtra plus, tout y étant remis à neuf. Une ville entièrement nouvelle descendra des cieux où on l'aura fabriquée, pour être installée sur terre. Et le ciel ou l'étage du haut se videra puisque Dieu lui-même viendra habiter avec les humains, dans une ville, un monde où il n'y aura plus ni souffrance, ni maladie, ni mort.

Dépaysant, tout cela ? Bien sûr. Mais sous l'imagerie ancienne, une idée mérite qu'on s'y attarde, à savoir le salut du cosmos. Il est dommage que dans l'imaginaire chrétien, et cela en dit beaucoup sur notre égocentrisme collectif, l'espérance se soit restreinte à la résurrection des humains, à l'exclusion de tout le reste. La dévaluation de la matière a osé se rendre jusquelà. Comme si le cosmos n'était qu'une vaste scène, uniquement destinée à permettre aux humains de jouer leur rôle. La pièce terminée, les acteurs effectuent un dernier salut avant de partir pour l'au-delà, en n'ayant (l'ont-ils même ?) qu'une pensée nostalgique pour ce monde matériel voué à une existence éternellement dénuée de conscience et d'amour, sinon à une insignifiante destruction. Cette pensée est un crime contre le cosmos, contre l'humanité même. L'univers, le cosmos, le monde, la nature, la matière ne sont pas au service des humains. Ils sont nous, nous sommes eux. Un être humain, c'est le cosmos qui pense et aime. L'univers, à la fois si vaste et petit qu'il ne sera jamais entièrement connaissable, quoi qu'en rêvent beaucoup de savants, se pense et s'aime dans les consciences qu'il suscite en lui-même. Un être humain peut-il espérer être heureux sans que tout ce qu'il est ne participe à son bonheur ? Vous avez dû en faire maintes fois l'expérience : entrer en contact avec un inconnu qui vous fait partager la passion de sa vie. Le chauffeur de taxi, qui vous dit sa liberté, personne pour le surveiller. L'agriculteur, qui tous les jours voit Dieu faire croître la vie. La comédienne, qui donne corps à un texte et vous fait trembler d'émotion. L'ébéniste, qui caresse le bois avec la douceur d'un geste sacré. La cantatrice, dont la voix pousse l'air à vous faire reculer sur votre fauteuil. La violoniste, qui fait rire et pleurer ses cordes. Le chef, qui colore les saveurs. La mathématicienne, qui pense ses équations et s'étonne de voir le cosmos s'y conformer. Et les autres qui savent ajuster tissus et coloris, calculer les forces, élaguer les arbres, soigner les animaux, etc. Tous ces humains *sont* ce qui les a marqués. Pourraient-ils vraiment être heureux, coupés à jamais de ce qui les a fait vivre, devenir ce qu'ils sont ? La personne âgée laisse-t-elle définitivement derrière elle son animal de compagnie, qui a pour une part comblé la solitude de ses dernières années ?

Les anciens nous invitent à penser que, tout comme les humains, le cosmos, la nature, les animaux, la matière ont une âme. Tout être participe à l'immense effort de complexification dans lequel l'univers est engagé depuis des milliards d'années, y compris celui de l'intériorisation que vit chaque être humain. Si *un* homme est ressuscité, alors le cosmos est sauvé et sera transformé à jamais, dans une dimension où il n'y aura ni destruction ni mort. Malheur à qui ne respecte pas ce qui est destiné au salut.

Index des textes commentés

Matthieu
1,1-17
1,18-25
1,18-25
4,1-11
5,13-16
5,38-48
10,26-33
11,25-30
13,1-23
18,15-20
21,15-16
21,28-32
22,1-14
25,1-13
25,14-30
28,1-10
28,16-20

Marc
1,14-15
1,29-39
2,18-22
4,35-41
5,21-43
6,1-6
6,30-34
6,30-34
6,46
7,1-23
7,31-37
9,2-10
10,17-30
10,46-52
12,28-34
12,38-44
13,24-32
13,33-37
14,1 — 15,47
16,15-20

Luc
1,39-45
2,41-52
3,1-6
3,10-18
4,1-13
4,16-30
5,1-11
6,27-39
10,25-37
15,1-32
16,19-31
17,5-10
17,11-19
21,5-19
22,1 — 23,56
24,13-35
24,36-48
24,44-53

Jean
1,1-18
4,5-42
10,1-10
10,11-18
11,1-44
14,1-11
14,15-21
14,22-29
18,33-37
20,1-10
20,19-23

Actes
1,1-11
11,19-21
15,1-2.22-29

Apocalypse
21,1-5.

Table des matières

À PROPOS. — 7

I. VUE D'ENSEMBLE — 11

« Et le pouvoir de communication de Dieu avec les humains est devenu chair. » Jn 1,1-18 — 12

II. DÉBUTS — 15

1. Les brebis noires de la famille. Mt 1,1-17 — 16
2. Le drame. Récit inspiré de Mt 1,18-25 — 19
3. Elle aurait tant voulu oublier. Récit inspiré de Mt 1,18-25 — 22
4. L'heure est à la reconnaissance. Lc 1,39-45 — 24
5. « Pourquoi nous avoir fait ça ? » Lc 2,41-52 — 27

III. BOULEVERSEMENT — 31

1. Avez-vous trouvé votre désert ? Lc 3,1-6 — 32
2. Il blesse et tue. Lc 3,10-18 — 35
3. Décider de Dieu. Mt 4,1-11 — 39
4. Le test. Lc 4,1-13 — 42
5. Annoncer la bonne nouvelle n'est pas parler de Dieu. Mc 1,14-15 — 45
6. Deux gros problèmes : Dieu et l'histoire. Lc 4,16-30 — 48
7. Entre foi et doute. Histoire de pêche. Lc 5,1-11 — 51

IV. PAROLES — 55

1. On parle trop de Dieu. Mt 5,13-16 — 56
2. Ennemis recherchés. Mt 5,38-48 — 59
3. Comment l'évangile en arrive à rapetisser les experts. Mt 11,25-30 — 61
4. Jusqu'à la démesure. Lc 6,27-39 — 64
5. Le possible. Lc 10,25-37 — 67
6. Faut-il être nombreux ? Mt 13,1-23 — 70

7. Notre récompense. Lc 17,5-10	73
8. La tête dans le sable. Lc 16,19-31	76
9. Que vaux-je? Lc 15,1-32	80
10. De la simplicité des choses. Mt 18,15-20	83
11. Le bon berger. Jn 10,1-10	86
12. Le berger qui n'avait jamais voulu l'être. Jn 10,11-18	89
13. Attention au chemin! Jn 14,1-11	92
14. Condamnés à être marginaux. Jn 14,15-21	95
15. Qui doit enseigner quoi? Jn 14,22-29	98
16. Nouvelles paroles d'évangile. Mt 10,26-33	101

V. Récits — 105

1. « Il s'en alla dans un endroit désert pour prier. » Récit inspiré de Mc 1,29-39	106
2. L'humiliante radicalité de Jésus. Mc 2,18-22	109
3. Foi n'est pas certitude. Mc 4,35-41	112
4. La soif de midi. Récit inspiré de Jn 4,5-42	114
5. Mort, pleurs et révolte. Jn 11,1-44	117
6. Sacré sang. Mc 5,21-43	120
7. Déchirant. Lc 17,11-19	123
8. Il en resta perplexe. Récit inspiré de Mc 6,1-6	126
9. Le peuple n'a pas de gouvernant. Mc 6,30-34	129
10. Dieu est partout. Mc 6,30-34	132
11. Lui était de Nazareth, elle, de Magdala. Récit inspiré de Mc 6,46	135
12. Dieu contre Dieu. Mc 7,1-23	138
13. Pardon? Mc 7,31-37	141
14. La foi en images. Mc 9,2-10	144
15. Réussir sa vie. Mc 10,17-30	148
16. « Je veux voir! » Récit inspiré de Mc 10,46-52	151

VI. Enjeux — 155

1. Que faire pour être heureux? Mc 12,28-34	156
2. Quand Jésus est contre l'aumône. Mc 12,38-44	159

3. À l'aide ! Au secours ! Libération ! Salut !
Mt 21,15-16 — 162
4. « Range ta chambre. » Mt 21,28-32 — 164
5. Mauvais et bons. Mt 22,1-14 — 167
6. Il n'y a pas de folies à faire. Mt 25,1-13 — 170
7. Les intérêts de la foi. Mt 25,14-30 — 173
8. Tout est arrivé. Mc 13,24-32 — 177
9. Dormez-vous ? Dormez-vous ? Mc 13,33-37 — 180
10. Une génération déboussolée. Lc 21,5-19 — 183

VII. Fin — 187

1. « Mon Dieu, pourquoi m'as-tu abandonné ? »
Mc 14,1–15,47 — 188
2. Écrasé par le système. Lc 22,1 – 23,56 — 190
3. Gare au système ! Jn 18,33-37 — 193

VIII. Recommencement — 197

1. Il fait encore nuit. Jn 20,1-10 — 198
2. Le vide. Mt 28,1-10 — 201
3. Alors, ils l'ont reconnu. Lc 24,13-35 — 203
4. S'agit de comprendre. Lc 24,36-48 — 205
5. Une grosse journée. Jn 20,19-23 — 208
6. Est-il trop tard ? Mt 28,16-20 — 210
7. Condamnés à croire autrement. Lc 24,44-53 — 213
8. Croyez-vous à l'Ascension ? Mc 16,15-20 — 216

IX. Prolongements — 219

1. Rendre la foi croyable. Ac 1,1-11 — 220
2. Sans mandat. Ac 11,19-21 — 223
3. Une question d'initiative et d'ouverture.
Ac 15,1-2.22-29 — 225
4. Un cosmos tout neuf. Ap 21,1-5 — 228

Index des textes commentés — 231

AGMV Marquis

MEMBRE DE SCABRINI MEDIA

Québec, Canada
2004